José de Espronceda

Blanca de Borbón

Barcelona **2024**
Linkgua-ediciones.com

Créditos

Título original: Blanca de Borbón.

© 2024, Red ediciones S.L.

e-mail: info@linkgua.com

Diseño de cubierta: Michel Mallard.

ISBN tapa dura: 978-84-1126-132-6.
ISBN rústica: 978-84-96290-22-8.
ISBN ebook: 978-84-9816-931-7.

Sumario

Brevísima presentación

La vida
José de Espronceda (Almendralejo, Badajoz, 1808-Madrid, 1842). España.
Hijo de militar, estudió en el colegio San Mateo de Madrid. Muy joven
fundó la sociedad secreta Los numantinos, y por ello fue recluido en el
convento de San Francisco de Guadalajara. En 1826 huyó a Lisboa y allí se
enamoró de Teresa Mancha, hija de un liberal, a la que siguió a Londres y
luego raptó en París, poco después de que ella se casase con un comer-
ciante español.
Intervino en la revolución francesa de 1830 y en la expedición fracasada de
Joaquín de Pablo contra el régimen absolutista de Fernando VII. De regre-
so a España (1832) fundó el periódico El Siglo y fue diputado republicano.
Durante su destierro conoció a los autores románticos ingleses, franceses
y alemanes, en quienes encontró un estilo más cercano a sus ideas.

La trama
Hija de Isabel de Valois y Pedro de Borbón, la reina Blanca de Borbón
se casó con Pedro I de Castilla para propiciar una alianza entre Castilla
y Francia. Más tarde fue repudiada y encerrada tras saber Pedro I que la
familia de Blanca no pagaría la dote pactada.
Blanca murió en la soledad de una celda mientras el rey de Castilla tenía
varias amantes.
Esta pieza romántica relata las vicisitudes de Blanca de Borbón en medio
de las intrigas políticas y los caprichos de los monarcas de la época.

Personajes

Don Pedro el Cruel
Enrique de Trastamara, su hermano bastardo
García de Padilla. Consejero del rey
Castro. Caballero
Don Hernando. Viejo
Primer caballero que habla
Segundo caballero
Tercer caballero
Don Tello. Alcaide de la prisión de Blanca
Abenfarax, asesino. Su carácter marcado: la estupidez y la ferocidad
Blanca, esposa de don Pedro el Cruel
La Padilla, su manceba
La Maga, madre del asesino
Leonor, hija del alcaide

Acto I

Escena I

El teatro representa un cuarto de la prisión de Blanca, con dos rejas de hierro en el fondo y dos puertas, una a la derecha y otra a la izquierda de los espectadores.

(Blanca y don Tello. Varios soldados requisan las rejas y se oye a lo lejos música y el siguiente coro.)

> Honor al valiente,
> Loor a las bellas,
> Volad, caballeros,
> La lid os espera.
> Los fieros encuentros
> Las damas recelan,
> Y allá entre sí mismas
> El triunfo os desean.
> Honor al valiente.
> Loor a las bellas.

(Siguen vivas y ruidos del pueblo que van poco a poco alejándose.)

Don Tello
> Las voces suenan en la alegre fiesta
> Del nuevo infante, que la gloria aviva
> Y el contento del rey, cual nueva joya
> De la rica corona de Castilla.
> Todos festejan hoy, todos gozosos
> Al rey proclaman en ardientes vivas.
> Soldados, pronto, requerid las rejas;
> Nos aguarda el placer.

Blanca
> ¡Fatal desdicha!
> En medio el gozo, que decís que reina,

Cuando mi esposo entre placeres brilla,
Yo sola gimo y para siempre cubre
Negra noche de horror el alma mía.
¿Un infante, decís?

Don Tello

Un noble infante,
Hijo feliz de la feliz Padilla.

Blanca

¡Ah, para siempre me olvidó el impío!
Siempre esclavo feliz de sus caricias,
En brazos, ¡ay!, de esa mujer perversa
Él vivirá, mientras que yo afligida
En perpetua prisión yaceré siempre,
Entregada al horror que aquí me inspira.
Hasta mi vida misma. Y ella en tanto
Feliz será: cuando gozosa ría,
Verá corresponderla al mismo tiempo
En los labios de Pedro la sonrisa;
Si ella derrama lágrimas... ¡Dios mío!
¡Nunca su mano enjugará las mías!

Don Tello

(Con aspereza.)
Nunca castiga Dios sin que el delito
Haga el rayo brillar de su justicia.

Blanca

Dios mirará piadoso mi inocencia:
Que yo, infeliz, no provoqué su ira.

Don Tello

Vos blasfemáis de Dios.

Blanca

Tened, Don Tello:
Mostrad respeto a la desgracia mía:
Ya que la triste que tu lengua ultraja,
Que fue tu reina desleal olvidas,

Al menos, ¡ah!, cual castellano noble,
Con una dama usad de cortesía.

Don Tello   ¡Cortesía! ¿Y con quién...? Callaré y basta
(A los soldados.)   ¿Están las barras dobles? La alegría
                 Salgamos a gozar que en tanta fiesta
                 Del pueblo entero el corazón anima.

(Vase con los soldados por la derecha y entra Leonor por la izquierda.)

Escena II
(Blanca, Leonor.)

Leonor   Mi padre se alejó; ya en fin respiro
                Y la reina llorando... ¡Qué abatida
                La desdichada está!
(A Blanca.)   ¡Triste señora,
                Ni un momento de paz!

Blanca   Dulce hija mía,
                ¿Eres tú mi Leonor, tú, mí consuelo
                En mi amargo pesar? Sola tú alivias
                De mi suerte el rigor. ¿Lloras? Tu llanto,
                Dulce Leonor, mi corazón reanima.
                Yo perdono a tu padre: no es culpable
                El que obedece, no.

Leonor   Mas, ¿qué os agita?
                Nunca cual hoy os vi tan angustiada,
                Nunca en tan cruda y mísera agonía.
                La crueldad de mi padre, la insolencia,
                Ese cuidado eterno que le excita
                A cerrar, a observar, que le arrebata
                El sueño y la quietud, tan abatida

No os pusieron jamás: noble firmeza,
Noble resignación os sostenía.

Blanca   Secas las fuentes ya de la amargura
Y colmado el rigor de mi desdicha,
Yo, querida Leonor, necia pensaba
Que el vaso amargo de la suerte impía
Había agotado ya: que tantas penas,
Tanta crueldad, a fuerza de sufrirlas,
Eran ya para mí leves pesares,
Que ni arrancarme lágrimas podrían.
Mas hoy renuevan su fatal martirio,
Hoy renacen en mí, mi pecho agitan
Con la misma violencia, el mismo imperio
Con que me atormentaron aquel día,
Cuando lejos del rey, ya para siempre,
Hallé mi dicha y mi quietud perdida.
¿Iba con ella, di, Leonor, le has visto?

Leonor   Sí, yo he visto hoy al rey; su frente altiva,
Coronada de plumas ondeantes,
Al leve soplo de la blanda brisa
Sobre otros mil guerreros se elevaba
En medio del palenque, allí blandía
El asta formidable, y a los rayos
Del Sol naciente deslumbrando, ardían
Sus relucientes armas. Los relinchos
De cien caballos, los ardientes vivas,
El rumor del concurso, enajenaron
Mis ojos un momento. Entristecida
Yo los volví después a vuestra cárcel,
Y en medio de la pública alegría
Se cubrieron de lágrimas. ¡Dios mío!
Bizarro estaba el rey, pero a su vista,

no sé por qué me estremecí; sus ojos
Yo no sé qué terror, qué espanto inspiran,
Que tiemblo siempre al verlos.

Blanca   ¿Y ella, dime?

Leonor   Ella también allí, la de Padilla,
                Orgullosa, arrogante se mostraba
                Coronada de perlas; elegida
                Reina de la hermosura y los amores
                Por vuestro esposo infiel, ella ceñía
                La sien del rey con orlas de laureles,
                Recibiendo gozosa sus caricias.

Blanca   Calla, calla por Dios; dulce me fuera,
                Más que vivir así, la muerte misma;
                Leonor, dime: ¿después...?

Leonor   Yo suspirando
                Volví luego a llorar vuestra desdicha,
                Sin querer ya ver más.

Blanca   ¿Y qué? ¿Ninguno
                Ya se acuerda de mí? ¿No se lastima
                Ninguno de mi suerte? ¡Desgraciada!
                El que adoraste más, ese te olvida.

Leonor   No todos, no, que acaso el descontento
                También en medio a los placeres brilla
                Y algunos hay que, con atentos ojos,
                Las rejas de esta fortaleza miran,
                Y os nombran suspirando. Oculto un joven
                En derredor de este castillo gira
                En la noche callada: yo, mil veces,

Extático le he hallado, con la vista
Fija en estas murallas, contemplando
Siempre este sitio en ansia pensativa.
Él me ha hablado tal vez; mi mano entonces
Por vos al preguntarme retenía,
Y alguna ardiente lágrima brillaba
Acaso de sus ojos desprendida.

Blanca   ¡Inútil compasión! Tal vez la muerte,
Si le observan aquí, sus pasos siga.
No, mi amada Leonor; si a verle vuelves,
Dile que huya.

Leonor   El infeliz decía
Que si estimaba yo vuestra ventura
Le diese entrada en vuestra cárcel misma
Un momento no mas, y yo he ofrecido
Hacerle entrar hoy mismo.

Blanca   ¿Tú, hija mía,
Te has de exponer también, tú has de arriesgarte?
No, mi dulce Leonor, mi única amiga,
Si te apartan de mí... Tu padre acaso...

Leonor   Mi padre allá en la fiesta se confía.
De sus guardias no más, que entre el bullicio
Entretenidos, su deber descuidan,
Vuelvo a buscarle, sí.

(Vase.)

Escena III

Blanca, sola   ¿Leonor, qué haces?

14

¿Y quién sabe quién es, ni quién podría
Acordarse de mí, cuando encerrada
Hace ya tanto tiempo, en mi desdicha
Nunca en esta prisión ha penetrado
Ni un rayo de esperanza fugitiva?
¡Cielos! Si Enrique... Es imposible, Enrique
Desterrado, infeliz, incierto gira,
Devorando su amor en el silencio,
Errante acaso en extranjero clima.
¡Y si él fuera, tal vez! Si arrebatado
De su loca pasión... Si se imagina
Valerse, oh Dios, de mi infelice suerte...
¡Ah! No, nunca, jamás, la suerte impía
No cambiará mi corazón. Su hermano,
Solo a su hermano adoraré rendida,
Ya sepultada en negros calabozos,
Ya víctima infeliz de su injusticia.
Es mi fatalidad: siempre he de amarle.
Amarle a mi pesar.

Escena IV
(Blanca, Leonor, Enrique, embozado.)

Leonor   Entrad, propicia
Nos es la suerte: si mi padre llega,
Yo al punto advertiré.

(Vase.)

Enrique   ¡Dichoso día!
Al fin te encuentro, idolatrada Blanca.

Blanca   ¡Enrique! ¡Oh Dios! ¿Y tú te sacrificas
Generoso por mí? ¿Qué intento ahora

Pudo traerte hasta mi cárcel misma
A aumentar mi inquietud? ¿Acaso, Enrique,
No conoces tu riesgo?

Enrique   Tranquiliza,
Blanca, tu corazón: mi único intento
Es salvarte o morir: toda mi dicha,
Mi ventura mayor cifro en salvarte.
Salvarte, sí, para que Enrique viva.
Este déspota atroz, ese inhumano
Tigre, que en ti furioso se encarniza,
Salva de su furor, libre ha de verte
Cuando mas en sus garras te imagina.
Prófugo, en mi destierro yo he llevado
Siempre tu imagen en mi mente fija,
Y entregada al dolor, en triste cárcel,
Contino ante mis ojos te veía;
Por ti, gozoso en el mayor peligro
Me lanzaba con ávida codicia,
Por ti, contra mi rey, contra mi hermano,
Fiero empuñé la espada vengativa,
Junté guerreros, me arrojé al combate,
Luché con él en desigual porfía:
La suerte en las batallas caprichosa,
Mostróse a mis valientes enemiga.
Entonces, ¡ah!, mis odios, mi venganza,
Mi rabia, cual jamás sentí encendida
Roer mi corazón, no me es bastante.
El nombre de traidor que me designan
Es para mí un blasón. ¡Ah! Si es forzoso
Para salvarte arrebatar su vida,
Quiero añadir al nombre de rebelde
El título también de fratricida.

Blanca	¡Cielos, Enrique! ¿Adónde despeñado
	La cólera te arrastra? Tú deliras:
	Huye, Enrique, por Dios. ¡Ah! No conoces
	Cuánto se arriesga hasta mi vida misma
	Si el rey descubre tu imprudente arrojo.
	¿Quién sabe si ahora mismo cien espías
	Te han conocido ya, siguen tus pasos,
	Te cercan, oyen, si pendiente brilla
	Sobre tu propio corazón la daga
	Que a asesinar a entrambos se destina?
Enrique	Primero yo la enclavaré en el suyo.
	Oyeme, Blanca: mi dolor respira
	Solo venganza; la ternura, el fuego
	En que otro tiempo el corazón me ardía,
	Esta insaciable sed los ha trocado
	Ya en desesperación. ¡Ah! ¿Tú creías
	que era solo por ti? ¿Tal vez pensabas
	Que esta pasión que el alma me domina
	Me la inspirabas tú, tú únicamente?
	No, Blanca, no, que por venganza gritan
	Madre y hermanos por mi hermano muertos,
	Y el seno dejan de la tumba fría,
	Sombras inexorables: mis furores
	No has encendido tú; la saña mía,
	Horror tan negro, tan funesta llama...
	Es imposible, no, tú no la inspiras.
Blanca	Basta, Enrique, no mas: yo le idolatro:
	Yo a mi pesar le adoro, aunque me oprima
	Y me desprecie y me abandone.
Enrique	¿Acaso
	Yo te hablaba del rey? ¡Oh, Dios! ¡Qué ira!

17

Un astro mismo, sí, cuando nacimos,
Blanca, tú y yo, sin duda presidía.
Feroz el rey te oprime, te abandona;
A una ramera vil te sacrifica...
Y tú le adoras, y su nombre odioso
Está y su imagen en tu pecho escrita...
Y yo, entre tanto, que doquier me vuelvo
En torno al mundo la anhelante vista
Un solo punto en todo el universo
Encuentro para mí: yo, que mi vida
Cifrara en poseerlo; yo, arrojado
Lejos de allí y opreso de codicia,
Como un segundo Tántalo, a mis labios
Llegó apenas el agua apetecida.

Blanca   Sí, Enrique, sí, es verdad; los dos nacimos
Para ser infelices: destruida
Nuestra esperanza está; nunca yo he visto,
Desque a tu hermano amé, lucirme un día
De ventura y quietud. La blanda calma,
Los dulces juegos, la inocente risa,
Placer de los amantes venturosos,
No halagarán jamás el alma mía.
¡Desdichada de mí! Si acaso busco,
Durante el curso de mi corta vida,
Momentos de placer, solo me quedan
Tristes memorias de los breves días
de mi infancia feliz, tristes memorias
Que, acaso más, mi pecho martirizan.
Y tú también sin esperanza, Enrique,
Por un mísero amor, cual yo, suspiras.

Enrique   ¿Y tú lloras por mí? Blanca, tu llanto
Es regalado bálsamo que alivia

Mi amargo padecer: jamás mi pecho,
Jamás sintió tan plácida alegría.
Yo no soy infeliz; yo soy dichoso;
La más dulce esperanza me reanima,
Yo puedo liberarte, hacer que vuelvas
Al seno de tu patria, a las delicias
De tu primera edad: tu alma inocente
Allí tal vez reposará tranquila.
Los años vuelan y el pesar con ellos;
Allí se trocará en melancolía,
En recuerdo pacífico y sensible,
Ese dolor que el corazón te agita.
Yo puedo liberarte. Óyeme, Blanca:
Aún tengo amigos; Aragón, Castilla,
Sevilla misma, auxiliarán mi empresa;
Mil descontentos de su rey me brindan
Con todo su poder; Lara, Manrique,
Solo esperan mi voz, todos me animan
A volver a lidiar... Guerra y venganza
Contra mi hermano en su poder respiran.
Hoy mismo, cuando salgan del torneo,
vendrán conmigo a concertar el día
Que debemos romper.

Blanca   ¿Y qué...? ¿Mi esposo...?

Enrique   Si es necesario...

Blanca   ¡Enrique, me horrorizas!

Enrique   Si es necesario, morirá. Es forzoso
                 Que tú seas libre; ante las aras mismas,
                 Sobre la hostia lo juré. Esta tarde,
                 Al declinar el Sol, cuando sombría

Tienda la noche su estrellado manto,
Yo volveré a avisarte la hora fija
En que libre has de ser. Tú, a alguna reja
De las que al Betis sobre el margen miran,
Atenta esperarás, y cuando un barco
Atraviese las aguas cristalinas,
La voz del trovador y el son del arpa
Te anunciarán cantando mi venida.

Escena V
(Dichos, Leonor, muy apresurada.)

Leonor   ¡Cielos! ¡Mi padre!... ¡Apresuraos!

Blanca   ¡Enrique!

Leonor   Aún es tiempo, venid...

Enrique   ¡Blanca divina!
O muero, o te liberto. Adiós.

(Vase con Leonor por otra puerta.)

Escena VI

Blanca, sola   Tu furia
Te perderá, ¡infeliz! ¡Ah! Si la dicha
Lograra yo de abandonar por siempre
Este suelo fatal... Cuál me palpita
Entre el temor y la esperanza el pecho,
¿Qué será de mi suerte?

Escena VII
(Blanca, Don Tello y Diego García.)

| Don Tello | Aquí, García, |
| | La inocente tenéis. |

| García | Basta, don Tello: |
| | Ya os podéis retirar. El rey me manda. |

| Blanca | ¡Nuevos ultrajes siempre! ¡No hay momento |
| | De quietud para mí! |

| García | Siempre la calma |
| | Huyó del criminal. |

Blanca	¡Dios! ¿Hasta cuándo
	La vil calumnia me herirá? ¿No basta,
	A par del reino, arrebatarme injusto
	Mi propia libertad, y verme hollada,
	Lejos del rey que se llamó mi esposo,
	Por la que ser debiera mi vasalla?
	¿No está, tal vez, cansada mi enemiga
	De verme padecer?

García	Está cansada
	La paciencia del rey; cuando engañado
	Cedió otro tiempo a las inicuas tramas
	Del pérfido Albuquerque, y con su mano
	Os ciñó la diadema soberana,
	Nunca pensó que a un tiempo con su esposa
	La discordia en el reino penetrara.
	Vuestro alevoso amor con don Fadrique
	Benigno os perdonó, cual leves faltas...

| Blanca | ¡Es falso, es falso! La calumnia solo |
| | Pudo inventar iniquidad tan baja. |

¿Qué delito, decid, he cometido
Para que el rey jamás me perdonara?
Yo inocente, ¡ay de mí!, feliz vivía
Allá en el seno de mí dulce patria
Con mis ilustres padres. Sus heraldos
vinieron en su nombre, y cuando ufana
Firmemente adorándole, mi dicha
Eterna entre sus brazos figuraba,
Otra mujer, ¡gran Dios!, ya poseía
El único tesoro de mi alma...
¡Y soy yo criminal...! ¡Y él me perdona...!
Yo sin razón de su injusticia esclava...

García   Yo doy que entonces inocente fueseis,
Blanca, ¿y ahora me diréis osada,
Si os pruebo yo vuestro reciente crimen,
Que es injusta la lengua que os agravia?
¿Tenéis, ahora, el corazón tranquilo?
¿Nada os remuerde la conciencia?

Blanca   Nada.

García   ¿Nada os reconvenís? Mitad que escucha
El Dios de la verdad vuestras palabras.

Blanca   El ve mi corazón.

García   Decid: ¿Si Enrique...?

Blanca (Aparte.)   ¡Enrique, oh Dios!

García   Estáis muy agitada,
Blanca, calmaos. Al escuchar su nombre,
¿Por que tu corazón se sobresalta?

¿Sabríais acaso de él?

Blanca (Aparte.)   ¡Cielos! ¿Podrían
Ya saber su intención?

García   (Con sarcasmos.)
                                         ¡Ah! Sus desgracias
Os conmueven tal vez; tranquilizaos;
¿Qué? ¿No sois inocente? ¿No son falsas
Calumnias vuestros crímenes? ¿Y ahora
Por qué no respondéis? ¿Acaso os ata
La inocencia la lengua?

Blanca (Con dignidad.)   ¿Y cómo puedo
Responder a denuestos y palabras
De escarnio y de baldón?

García   ¿Y es eso solo
Lo que tanto te turba, desdichada?

Blanca   Me turba tu insolencia.

García   ¿Mi insolencia?

Blanca   De un pérfido cual tú la indigna audacia.

García (Con serenidad.) Pérfido es el traidor, el vil rebelde
Que contra el rey y su señor se alza,
El que olvidando su deber, perjuro,
Mueve guerra civil contra su patria;
El que eleva pendón en vuestro nombre.
Y a un vil bastardo por su rey proclama.
Pérfida es la infame que promueve
Esa vil rebelión, la que en su alma,

23

Bajo el vellón de tímido cordero,
Del tigre encubre la traidora garra.
¿Dónde está ese candor, esa inocencia
De que tanto os jactáis? ¿Veis esta carta?
Ella os alegrará: vuestros amigos
Con ella animarán vuestra esperanza.
Lástima es que el noble don Enrique
No esté reunido ya con los que aguardan
Proclamarle por rey, los que anhelantes,
Por solo daros libertad se arman;
Los insensatos que el infierno mismo
A eterna muerte y perdición arrastra.
Vedla y negad después.

Blanca   ¡Fatal desdicha!
¡Desventurado Enrique! Mi desgracia
Se extiende a ti también.

García   Todo os confunde.
¿No os hallabais acaso preparada
A golpe tan fatal?

Blanca   (¡Ah! ¡Ya respiro!)
No es para mí esta carta.

García   No; esta carta
Es Para Enrique. Mas, decid: ¿Acaso
No habla siempre de vos? ¿Su confianza
No está cifrada en la extranjera hueste
Que por su influjo de la Francia aguarda?
¿Qué? ¿No le ofrecen la corona a Enrique?
¿No le ofrecen tu mano, si te salva?
¡Infeliz! ¡Infeliz! Tú, sí, tú misma,
A par del suyo, tu sepulcro labras.

¡Mísero Enrique! Acaso se imagina
Que el rey ignora su traidora trama,
Y mientra oculto aquí necio se piensa,
Ya tu mansión, su intento, sus palabras...
Todo patente está. Sus enemigos
Han penetrado ya dentro su alma.
¿Os turbáis otra vez?

Blanca (Aparte.)   ¡Oh, Dios! ¡Si fuese
Fingido este papel!... ¡Ah! Si intentara
Sorprenderme y saber... Decid, García:
¿Cómo, por quién se os entregó esta carta?

García   ¿Dudáis de su verdad? Yo os aseguro
Vuestra duda calmar. ¿Veis esta banda?

Blanca   ¡Teñida en sangre! ¡Oh, Dios!

García (Con calma.)   Prenda de Enrique,
Aguilar el rebelde la enviaba,
y el triste mensajero la traía
Para entregar y acreditar su carta.

Blanca   ¿Y él mismo os la entregó?

García (Sin alterarse.)   Sin duda, él mismo
Nos la entregó, cuando entregó su alma
Al infierno también.

Blanca   ¡Qué horror! ¡Acaso
La misma mano ensangrentada amaga
Ya el corazón de Enrique!

García (Una pausa.)   En vano ahora

Los hechos negarás con tus palabras:
Harto sabidos son y en vano fuera
Por más tiempo fingir. Óyeme, Blanca:
Tú ves en mí tan solo un enemigo,
Digno ministro de mi altiva hermana;
Tú imaginas que gozo en tu desdicha,
Que vengo ansioso aquí para amargarla.
Pues no, te engañas: mi venida es otra,
otro mi intento; tu única esperanza
Se cifra en mí no más. Sí, yo he venido
Solo para salvarte.

Blanca   ¿Mi esperanza
Solo se cifra en ti? ¡Pérfido! ¿Intentas
Deslumbrarme, tal vez? ¡Ah! Tus palabras
Son astutas y falsas: son floridas
Como el sendero del infierno.

García   Acaba;
Desahógate, sí: bastante tiempo
Aquí exhalaste en lágrimas calladas
Tu penoso dolor. Justo es ahora,
Que libre puedas desahogar tus ansias.
Óyeme, por tu bien; mayor tormento,
Desventura mayor, Blanca, te aguarda,
Si no escuchas mi voz.

Blanca   ¿Y qué tormento,
Qué desdicha mayor, puede mi alma
Padecer que tu vista?

García (Con frialdad.)   ¿Qué? La muerte.

Blanca   Ella me librará de mis desgracias

26

A par de tus insultos.

García   No; la muerte
Yo sé que acaso el infeliz la ansía.
Sé que jamás se estremeció turbado
Un corazón valiente al arrostrarla.
Mas no es la muerte por que el triste anhela
El espantoso fin que te amenaza;
Es la muerte cruel, ignominiosa,
Lenta, bárbara, atroz, acompañada
De tormentos horribles, de agonía,
Cubierta del oprobio que arrebata
Hasta el placer efímero, muriendo,
De inspirar compasión, la que acompaña
La amarga pena de dejar al mundo
Indigna, vil y sempiterna fama.
Tú, ante tus ojos, mirarás a Enrique
Morir penando en angustiosas ansias,
Mientras maldita por el pueblo entero
Como adúltera...

Blanca   ¡Oh, Dios! ¡Ah! ¿No bastaba
La muerte solo por castigo mío?
¿Era forzoso, aún, añadir la infamia?

García   He aquí la muerte que te espera, muerte
Que aún, puedes evitar: tus dulces gracias,
Tu amable juventud, tu desventura,
Todo en mi corazón por ti me habla.
Tú amas a Enrique; pero Enrique en vano
Presume libertar la que idolatra.
Tú tienes ambición; tal vez deseas
Lograr del rey y tu rival venganza,
Volver de nuevo al esplendor perdido

Y el cetro augusto asegurar de España.
Yo te puedo auxiliar; triunfo y corona
Partiremos los dos: yo te amo, Blanca.
Todo lo ignora el rey; yo, únicamente,
Sé donde Enrique está, sé de esta carta,
Y nunca al rey la mostraré, si ofreces
Callar, ceder, cumplir con mi demanda;
Y yo te doy la libertad, la vida,
Mi corazón...

(Se acerca a Blanca y trata de arrebatarle una mano.)

Blanca (Con dignidad.)   Jamás.

García (Con frialdad.)   Cálmate, Blanca;
Siento piedad por ti, tú eres hermosa,
Y la muerte es cruel; tal vez mañana
Serás cadáver ya; sí, considera
Tu respuesta mejor; cálmate, Blanca.

Blanca   Tranquila estoy: mi corazón, García,
Solo se turba atónito a tu infamia.
¡Huye, monstruo, de mí!

García   Blanca, ¿deliras?
Piensa en las dichas que el vivir te guarda;
Piensa que están tu libertad, tu vida,
Pendientes de mi voz: tiembla, si agravias
Al que te ofrece tanto. Un solo premio,
Y el trono mismo ocuparás de España,
Augusta Reina, independiente, libre;
Yo te lo juro por mi honor y espada.
Ya no exijo tu amor, tu nombre ahora
Solo exijo de ti; cédeme, Blanca:

Aquí la dicha y el placer te esperan,
Allí la muerte y el dolor te aguardan.
Nada hay ya que dudar: elige y tiembla.

Blanca

Tu odiosa vista con horror me espanta,
Tu corazón está más corrompido
Que el aire del sepulcro. ¡Alma villana!
Vuélvete al rey, inventa tus calumnias,
Cubre mi nombre con eterna infamia,
Y apresura mi muerte: yo no tiemblo.

García

Tú, pues lo quieres, morirás. Mi alma
He mostrado ante ti; la muerte solo,
Una vez dicho, mi secreto guarda,
Si alguno lo escuchó.

Blanca

                                    Basta, García;
Basta de insultos ya.

(Vase.)

Escena VIII

García

                                    Sí, Blanca, basta;
Y, pues lo quieres tú ¡morirás! Tu muerte
Lisonjeará el orgullo de mi hermana,
Y al ver a Enrique perecer contigo
Yo gozaré cumplida mi venganza.
¡Morirás! ¡Morirás!... ¿Sois vos, Don Tello?

Escena IX
(Dichos y Don Tello.)

Don Tello

Un hombre ahora encapotado acaba

De salir del castillo. Entre los bosques
Le vi perderse con ligera planta;
Quise en vano seguirle. Aún no he podido
Conocer cómo entró. Todos los guardias
Niegan haberle visto.

García   Bien; dejadle,
Y si vuelve otra vez... Enrique vaga
Siempre alrededor de aquí. Vuestra cabeza
Responde al rey de la prisión de Blanca.
Adiós, Don Tello.

(Vase.)

Don Tello   Sí: ya te he entendido;
Yo doblaré mi celo y vigilancia,
Y si intentan librarla, yo te juro
Que antes muerta tal vez podrás hallarla.

Fin del primer acto

Acto II

Un salón del Alcázar de Sevilla, adornado de una columnata morisca que termina en un jardín en el fondo del teatro. (Adorno de la época.)

Escena I

(La Padilla, García.)

García	Sí, no lo dudes; pronunció tu nombre Con orgullo y desdén. «En vano intenta Mi enemiga humillarme —dijo altiva—; Ella es súbdita, al fin, yo soy su reina.»
La Padilla	¡Mi reina! ¡Sí, mí reina! Su arrogancia Es la del necio que apagar quisiera El resplandor del Sol de un leve soplo. ¿Y aún osa en su prisión llamarse reina?
García	¿Y acaso no lo es? ¿Qué? ¿Te imaginas, Tal vez que lo eres tú? ¡Mísera, tiembla! Tiembla que el rey se reconozca un día, Y a ti te olvide por amarla a ella! Blanca es su esposa al fin.
La Padilla	¡Ah, sí! ¡Su esposa! ¡Y yo...! ¡Yo, solo soy...!
García	Tú, su manceba.
La Padilla	¡Calla, lengua infernal!
García	¿Tanto te irrita Escuchar la verdad? ¿Acaso piensas Que, allá en tu pecho, tus amigos mismos De otro modo que yo te consideran?

¿Que te dan otro nombre? No, te engañas;
Si ellos te adulan hoy, si se prosternan
Ante tus pies, cual cortesanos viles,
No menos te abominan y desprecian.
Amarga es la verdad; mas yo, tu hermano,
Yo, que te puedo en la difícil senda
De la corte guiar, yo no te amara
Si revistiese de oropel mi lengua.
Si cuando al lado del monarca mismo
Brillabas sola en la pomposa fiesta,
Dama del rey te titulaba el pueblo;
Y para más ajar nuestra soberbia,
Por nombre vil te llaman la Padilla,
Mientras a Blanca la titulan reina.

La Padilla   Y bien, ¿qué importa? A su despecho mismo
El polvo de mis pies humildes besan.

García   ¡Guarda, no sea bajo el suyo un día
Te sepulten tal vez!

La Padilla   Míseros tiemblan
A mi vista no más; ¿y osar podrían...?

García   Todo osarán, si a despertarse llegan
Del letargo en que están, y Blanca entonces,
Libre, aclamada por Castilla entera...

La Padilla   ¡Oh, Blanca! ¡Blanca! ¡Aborrecido nombre!
Siempre en mi oído con espanto suena.

García   Con más espanto sonará algún día,
Cuando humillada ante sus pies te veas
Y al pronunciar su labio tu castigo,

Llorosa implores su fatal clemencia.

La Padilla

¿Yo implorar su clemencia? ¿Yo postrada
Al pie de mi rival? ¿Yo, su insolencia,
Su escarnio he de sufrir? ¡Mil veces antes
Padezca yo las incesantes penas
Del mismo infierno, al filo del cuchillo
Entregando yo misma mi cabeza!

García

Enrique oculto aquí...

La Padilla

¿Qué escucho? ¿Enrique?

García

Sin duda, él mismo. ¿Pero qué? ¿Te aterras
Solo de que esté aquí? ¿Qué? ¿Te sorprende?

La Padilla

¿Cómo? ¿Y adónde está?

García

¿Tanto te inquieta
Saber adónde está? ¿Tú no burlabas
Hace un momento de él? ¿Por qué ahora tiemblas?
¿Temes a un miserable?

La Padilla

¿Yo temerle?
Nunca temió el león en su caverna
Al cordero infeliz, que osó atrevido
Penetrar en su umbral.

García

No; mas si fuera
Enrique ahora el cazador astuto,
Que vigilante sin cesar le acecha...
Si él intentara sorprenderte...

La Padilla

Entonces

Su propia sangre pagará su ofensa.

García

Antes que llegues a saber tu riesgo,
Abatirá su mano tu soberbia.
¡Insensata mujer! Piensa que Enrique
Adora a Blanca, que elevarla intenta
Al trono de tu amante, que te odia,
Que ya Castilla en su favor se apresta,
Que él ansía solo libertar a Blanca
Para ofrecerte en holocausto a ella;
Y es necesario...

La Padilla

(Con ansiedad.)
                    ¿Qué?

García

                    Sacrificarlos
A nuestro bien, nuestra quietud: que mueran.

La Padilla

¿Pedro consentirá?

García

                    ¿Pedro? Su muerte
Es lo que más su corazón desea.
Pedro aborrece a Enrique.

La Padilla

                    ¿Y sus amigos?

García

Uno, no más, mi previsión recela:
Castro impaciente, belicoso joven
Ansioso ahora de vengar su afrenta
Y la oprobiosa muerte de su hermana
Que el monarca engañó. Castro no piensa
Sino en vengarse, o perecer. Su arrojo,
Su orgulloso valor, su independencia
Fueran temibles, si imprudente él mismo

No ya el camino de su muerte abriera
Con su loco furor.

La Padilla   ¿Y tanta sangre...?

García   ¿Aún no estás acostumbrada a verla
Continuo derramar? Bastantes veces
Pedro, tu mismo amante, en tu presencia
La hizo correr; elige ahora:
Verter la tuya, o derramar la ajena;
Vivir humilde y despreciable a todos,
O ser de todos absoluta reina.

La Padilla   Determinada estoy.

El rey, García.

Escena II
(Dichos, el rey, Hernando y acompañamiento.)

El rey   ¿Por qué, María, en tu semblante muestras
Señas de turbación? Tú, que gozosa
Hoy fuiste gala de la alegre fiesta,
Hora con triste faz... Habla, responde.

La Padilla   La traición contra ti su dardo asesta.

El rey   (Sonriéndose con desdén.)
¿La traición contra mí? Tu fantasía
Engaña tu razón; los que se atrevan
En mí a fijar sus ojos enemigos,
Fíjenlos sin temor; di: que perezcan.

Hernando   No os sorprendáis, señor, de sus temores;

Un dulce miedo la hermosura aumenta.

La Padilla

Oye, Pedro: no frívolos recelos
De un miedo mujeril mi pecho encierra.
Cercado está tu trono de peligros,
Y oculto acero la traición apresta.

El rey

Él volverá contra el cobarde pecho
Del que ose alzarlo, cuando brille apenas.

García

Pensad, señor, que con atento oído
El consejo que dicta la prudencia
Debe escuchar un rey.

El rey (Con altivez.)

                      Un rey tan solo
Debe escuchar su voluntad suprema.

García

Vuestro interés, el bien de vuestro reino,
A hablar sin miedo la verdad me fuerzan;
Me son más caros que mi vida misma.
Si os causa enojo lo que solo prueba
Fidelidad y amor, si os hiere tanto
La audacia de un vasallo y su firmeza
Al hablar la verdad, alzad el brazo
Y al punto yo vuestro castigo sienta:
Mas antes pido que me oigáis.

El rey

                          García,
Esas palabras arrogantes templa;
¡Piensa que hablas al rey...!

García

                       Nunca mi labio
Disfrazar supo la verdad austera.

El rey   (Arrojándose a él.)
                              ¡Traidor! ¿Y osas a mí...?

La Padilla   Señor, teneos.
                              Perdonadle, señor, ¡ah!, si me amas,
                              Si de una amante tímida las quejas
                              Pueden mover tu corazón altivo,
                              Ya que tu propio bien no te conmueva,
                              Óyele por mi amor: cuando le escuches
                              Premiarás su lealtad.

El rey   Basta; sosiega,
                              Hermosa, tu inquietud.

García   Rey de Castilla,
                              Vuelve la vista al riesgo que te cerca,
                              Contra el que todo tu poder sería
                              Ahora nada sin mí: vuélvela y piensa
                              Si habrás de oír al que a tus propios ojos
                              Su celo y tu peligro te presenta.

El rey   Di lo que has de decir; cansan, García,
                              Frívolas y atrevidas advertencias.

García   Es un misterio; retirad la corte.

El rey   Dejadnos solos; alejaos.

(Vanse los cortesanos.)

La Padilla   Mis penas
                              Compadece, señor; por ti yo vivo,
                              Guarda por mí la vida que desprecias.

El rey	Yo sabré defenderte. ¡Miserable De aquel que insano contra ti se atreva!

(Vase la Padilla.)

Escena III
(El rey, García.)

(El rey, como indiferente al principio.)

García	Rey de Castilla, la verdad escucha. Mientras que en medio de pomposas fiestas, Augusto rey, en tu opulenta corte, Al dulce sueño del placer te entregas, Maquina la traición, y acaso el rayo Está pronto a estallar; Castilla entera Levanta ya su bélico estandarte En favor de un rebelde, las revueltas Tornan a renacer, y aun aquí mismo Blanca en su cárcel con amigos cuenta, Mientras que Enrique...
El rey	(Interrumpiéndole muy furioso.) ¡Enrique!
García	Enrique ahora Trama aquí mismo levantar la guerra.
El rey	¿Dónde se oculta, di? ¡Pronto! Responde. Morirá al fin, pues en morir se empeña.
García	Aquí le ha descubierto un moro esclavo Que sus intentos de continuo observa, Y hoy sorprendió a un rebelde mensajero

Del traidor Aguilar; en lid sangrienta
Con él luchando, le arrancó esta carta.

El rey   (Tomando la carta sin leerla.)
Hazle venir a mi presencia: es fuerza
Que yo mismo le hable, es necesario
Ya que Enrique me busca, que me vea.

García   ¿Y qué, señor, pensáis...?

El rey   Tráeme ese esclavo;
No me fatigues más.

(Vase García.)

Escena IV

El rey, solo   (Muy agitado.)
                            ¿Y qué? ¿Mi ofensa
No he de vengar yo mismo? ¡Miserable!
Un vil bastardo arrebatarme intenta
Mi trono y mi poder. ¡Ah! Yo le juro:
Yo anegaré en su sangre su soberbia.
¡Mi hermano...! Sí; mi hermano... Cuando ahora
Dentro en su corazón mi espada sienta,
Cuando yo mismo sus entrañas rasgue,
Cuando expirar en su dolor le vea...
Entonces yo le nombraré mi hermano.
¿Y Blanca? Blanca... el insensato piensa
Libertarla. ¡Infeliz! Entre tus brazos
Yo te la arrojaré, sí; pero muerta.

Escena V

(El rey, García y Abenfarax, vestido de un marsellés, una faja, un puñal, calzones anchos, la pierna desnuda y babuchas moriscas. Rudo y bárbaro en su apostura.)

García

He aquí, señor, el que vigila a Enrique.

El rey

¿Tu nombre?

Abenfarax

Abenfarax.

El rey

¿Cuándo, en qué sitio
Le has encontrado, di?

Abenfarax

Vile ha dos días
Vagando en torno del castillo mismo
Donde la reina está.

El rey

¿Le conociste?

Abenfarax

(Con estupidez.)
No; mas mi madre, la potente maga
De la caverna del espectro, dijo
Que el hombre aquel que pareció ocultarse,
Era hermano del rey.

El rey

¿Y tú has seguido
Siempre sus pasos desde entonces?

Abenfarax

Siempre

(Sonriéndose ferozmente.)

Y tuve ya dos veces el cuchillo
Puesto a su corazón cuando dormía.

El rey   ¿Y qué te anima tanto a perseguirlo?

Abenfarax   La sed de sangre, y alcanzar tu premio.

El rey   ¿Y el mensajero de Aguilar?

Abenfarax   (Con sonrisa.)
                                    Tendido
                Quedó en el campo; el golpe de mi daga
                Siempre en el corazón halla el camino.
                ¿Cuánto me pagarás si te presento
                Manando sangre el de tu hermano mismo?

García   ¡Abenfarax, respeta a tu monarca!

Abenfarax   Vosotros, cortesanos, sus caprichos
                Aduláis con palabras; yo tan solo
                Sé con sangre adular.

El rey   Tiembla, asesino,
                Tiembla, no sea que te dé mi mano
                El premio que merecen tus delitos.

Abenfarax   ¿Es un crimen servirte?

El rey   ¡Miserable!
                Servirme es tu deber. Junto al castillo
                Esta noche estarás en tu caverna;
                Yo iré allá solo y llevarásme al sitio
                Donde habita el traidor.

(Aparte.)   Él me buscaba;

Él me hallará, le acortaré el camino.
Déjame, Abenfarax.

(Vase Abenfarax.)

Escena VI

(Dichos, menos Abenfarax, la Padilla, Leonor.)

La Padilla   ¡Cómo! ¿Y te atreves
A alzarte contra mí? ¿Burlas conmigo?
¡Teme mi rabia...!

Leonor   Perdonad, señora;
Es para el rey; dejadme, yo he ofrecido
Entregársela a él mismo.

La Padilla   ¿Y tu osadía
Se niega a obedecerme?

Leonor   Mi designio
Es entregarla al rey. ¡Ah! Perdonadme:
Ved, señor, esta carta.

(Se la da al rey.)

La Padilla   ¡Ultraje indigno!
¡Carta de Blanca! ¡De tu esposa...! ¿Y dejas
Que así se alegre en el tormento mío
Esta aleve mujer?

El rey (Con ironía.)   ¿Blanca te envía?
¿Pide su libertad? ¿Teme el castigo
Que merecen sus crímenes?

García   Sin duda
Os dará quejas con dolor mentido,
Os dirá ingrato, os hablará de amores
Con dolosas palabras de cariño.
Por consejo de Enrique...

El rey   (Repasando la carta.)
                                    ¿Y pide verme?

Leonor   Muestra, señor, el pecho compasivo,
Y oye la voz de tu inocente esposa.
Yo os ofendo, tal vez; mas si vos mismo
Llorar la vieseis en su triste cárcel,
Pálida y abatida, sin alivio
En su acerbo dolor, era forzoso
Tener el corazón empedernido
Para no sentir lástima. En sus labios
Se escucha vuestro nombre de continuo.

El rey (Con sarcasmo.) ¿Solo mi nombre? ¿Y el de Enrique, dime,
No la oíste jamás juntar al mío?

La Padilla   ¿No te cansas de oírla? ¿No te enoja
A par de su maldad ver su artificio?

Leonor   No os irritéis; la reina es inocente.
No deis, señor, a la calumnia oídos;
La reina es inocente; ella os adora;
Su amor aumenta su fatal martirio
En su negra prisión. Sola, en perpetuo
Abandono y horror, nunca el delito,
Manchó su alma. Su continuo llanto,
Su único pensamiento, sus gemidos,
Son tan solo por vos. ¡Ah!, pide hablaros,

43

Vos, su sola esperanza, si ahora impío
Sus quejas desoís...

El rey (Con sarcasmo.)   ¡Yo, su esperanza!
Bien; me verá: la mostraré yo mismo
Su atrevimiento y su maldad.

García   Si acaso
Útil creyerais el consejo mío,
Temed verla, señor; un alma fuerte
Suele tal vez rendirse a los suspiros
De una débil mujer.

La Padilla (Aparte.)   Y yo, ¿ultrajada,
Habré de verme ante sus ojos mismos?
¡Antes perecerá!

El rey   Leonor, ve y dile
Que ha descubierto el rey un intento inicuo,
Su perversa traición; que ya es inútil
Cubrir so el velo del candor fingido
Su corazón hipócrita; que es tiempo...

Leonor   Piedad, señor, piedad; en su martirio
Vais a darla la muerte.

El rey   Sí, ve y dile
Que me verá mañana.

Leonor (Aparte.)   ¡Ya rendido
A mi súplica está! ¡Mísera reina!
Va a endulzar la esperanza tu destino.

(Vase.)

Escena VII
(Dichos, menos Leonor.)

El rey

Sí, me verá y encontrará su amante
Galán y hermoso, cual jamás le ha visto
Yo mismo, yo, le mostraré a sus ojos.
¡Oh! Cuán alegre su cadáver frío
Contemplará, cuando le mire yerto,
Y a mí gozoso y en su sangre tinto.
Sí, me verá.

La Padilla

Los celos te arrebatan.
¡Tú la adoras infiel! Sí, tu delirio
Es delirio de amor: si tú la odias,
Es porque Blanca adora a tu enemigo,
Por celos, nada más.

El rey

¿Celos? Yo nunca
La amé, ni aborrecí; su suerte ha sido
Siempre a mi vista indiferente; ahora
Es mi enemiga; justo es el castigo.

García

Harto es penoso su fatal tormento.
Muera, si es justo; pero no impasivo
Querréis, señor, que la crueldad sentencie,
En vez de la justicia, sus delitos.

El rey

¿Tú me aconsejas la piedad? ¿Te olvidas
Que hablaste del rigor?

García

Rigor benigno,
Propio de la justicia.

El rey
                              ¿Y tú imaginas
            Que debo yo marchar por el camino
            Que te dignes trazarme?

García (Muy turbado.)   Yo... tan solo...
            Intentaba, señor...

El rey
                              ¡Calla! Ya he visto
            Cual era tu intención.

La Padilla   (Con sentimiento.)
                              ¡Y yo la tuya!
            ¡Su castigo! ¡Infeliz! ¡Y yo he de verme
            De esa tu esposa al insolente arbitrio,
            Posternada a tus pies!... Antes la muerte
            Terminará el rigor de mi destino,
            Que verla yo gozando tus caricias,
            Y árbitra, ¡oh Dios!, del corazón que es mío:
            Árbitra, sí, del corazón que un día
            Mi único orgullo y mi ventura hizo,
            Que era mi único bien.

El rey
                              ¡Cómo! ¿Tú piensas
            Que postrada a mis pies, débil suspiro,
            Falso como su alma, me enternezca?
            Yo sé oponer a frívolos gemidos
            Un corazón de bronce.

La Padilla
                              Tú imaginas
            Que podrás oponerlo; un falso brío
            Engaña tu razón: Blanca es hermosa
            Y aun más hermosa la verás; el brillo
            De su lánguida faz bañada en llanto
            Realzará su dolor; tú, compasivo,

La verás a tus pies, oirás sus quejas,
Y, acaso de sus lágrimas sentido,
Olvidarás mi amor; y yo, entre tanto,
Ya de su orgullo mísero ludibrio,
Iré a llorar en su prisión un día
Que osé elevar mi pensamiento altivo
Al amor de un monarca, en que gozosa,
Feliz me contemplé madre de un hijo...
Dulce ilusión de mí esperanza; ahora,
¡Hijo infeliz para llorar nacido
Con su madre también! ¡Ah! Tú creías
Que Blanca, presa y en perpetuo olvido,
Jamás podría dominar un pecho
Que todo entero imaginaste mío.
¿Tú lo piensas aún? Tú no me amas;
Yo he sido solo efímero capricho
De tu inconstante corazón; ahora,
Al ver tu esposa que ama a tu enemigo,
Los celos se apoderan de tu alma
Viendo a tu odioso hermano preferido.
Sí, no lo dudes; el amor de Enrique
Es a tu vista el único delito
Que ha cometido Blanca.

El rey   Y bien, mañana
Tú brillarás sobre su trono mismo,
Al lado de su esposo: ante sus ojos
Desplegarás la pompa, el atavío
Por que suspira Blanca, y tú, tú propia
Decretarás altiva su castigo,
Y harás tu voluntad; el reino todo
Se postrará obediente a tu albedrío,
Y, ¡ay del que osado a murmurar se atreva
De la beldad ante quien yo me rindo!

García	Castro, señor, el temerario Castro,
	Intrépido se acerca hacia este sitio.

Escena VIII
(Dichos y Castro.)

Castro	Un noble ante su rey pide justicia.
El rey	¡Justicia! ¿Contra quién?
Castro	Contra ti mismo.
El rey	¿Y de qué contra mí?
Castro	¿Qué? De la afrenta
	Con que tú propio has empañado el limpio
	Lustre de mi familia, de la mancha
	Con que has borrado el esplendente brillo
	Del ínclito blasón de mis abuelos,
	Que en vano con mi sangre yo he querido
	Intacto conservar; del torpe engaño
	Con que víctima fue de tu capricho
	La honra de mi hermana. Sí, justicia,
	justicia ahora contra ti yo exijo.
El rey	¡Silencio! Castro, tu furor perdono;
	Necio, no intentes encender el mío.
	¡Yo soy tu rey!
Castro	¡Mi rey! Yo soy un noble,
	¡Yo soy igual a ti! Sí, tan antiguo
	Es mi linaje como el tuyo; ahora,
	Si tu lascivia lo dejó abatido,

48

Tuyo es el crimen, la vergüenza mía.
Solo porque eres rey justicia exijo.

El rey   ¿Y si no fuera rey, habla, qué harías?

Castro   Ya hubiera hollado tu cadáver frío.

El rey   Piensa que no lo soy; no te deslumbre
El brillo de mi frente; muestra el brío
De que tanto te jactas, ¡miserable!

Castro   ¿Yo, miserable? Ven. ¿Mi regocijo
Tú no conoces ya?

El rey   Yo te prometo
Humillar tu altivez.

García   Señor, no es digno
De que vos mismo vuestra regia espada
En su sangre empañéis.

Castro (A García.)   ¡Cobarde inicuo!
Tú sí mereces derramar la tuya
En un cadalso vil.

García (Aparte.)   (Yo necesito
Que tú vivas aún, necio; no es este
El precipicio a donde yo te guío.)

El rey   ¡Cómo! ¿Y aún osas insultar a todos?
¿Tú, delante del rey, osas altivo
Su cólera irritar? ¡Mal caballero!

Castro   Yo, delante del rey, justicia exijo;

Tú, por tu voluntad dejas de serlo
Y yo, ya igual a ti, tan solo pido
Que decidan las armas.

El rey   Bien, las armas
Decidirán. Si un hombre en mis dominios
Más valiente que yo se figurara...
¡Vive Dios...!

La Padilla   ¿Y por qué ciego, al capricho
Has de arrojarte de la suerte? Piensa
Que eres rey de Castilla, que el destino
De un pueblo entero de tu vida pende;
Que eres mi único bien, padre de mi hijo
Que quedará en la tierra sin amparo,
Si tú faltas, señor.

Castro (Colérico.)   Hijo maldito,
Que en pecado y deshonra concebiste,
Ramera despreciable; si tu brío
Contiene una mujer; rey de Castilla,
No hagas alarde de él: vuelve en ti mismo,
Y abandónala ya: la espada empuña,
Al campo corre a batallar conmigo;
Allí te vengarás, o mi venganza
Satisfecha será con tu suplicio.

El rey   (Arrojándose a él.)
                ¡El tuyo aquí satisfará la mía!

(La Padilla y García le contienen.)

                ¿Y vos me contenéis, y así ese inicuo
                Se ha de burlar de mí?

50

García	Señor, dejadle.
La Padilla	Despreciadle, señor; venid conmigo, No más tiempo escuchéis sus demasías.
El rey	(Entre García y la Padilla como a despecho suyo.) ¡He de arrancarte el corazón yo mismo!

Escena IX

Castro, solo	Anda, cobarde, más para verdugo Que para el cetro y el poder nacido. ¡Tiembla! Mil brazos se armarán; mi furia Encenderá la guerra en tus dominios, Guerra cruel, interminable, eterna, Guerra de maldición: en sangre tinto Tú me verás ante tu propio trono Arrojarme a matarte. Sí, el cariño Goza de tu manceba; mi venganza Será cruel cual tu delito ha sido. ¡Yo he de hacer ver al asombrado mundo Otro nuevo Julián y otro Rodrigo!

Escena X
(Hernando, Caballeros y dichos.)

Hernando	Huye, Castro, de aquí. Pedro me envía, En ira y saña contra ti encendido, Para prenderte.
Castro	¿Y qué? ¿Piensas, Hernando, Sus órdenes seguir?

Hernando   ¿Y tú, hijo mío,
Lo preguntas? Jamás: Huye, no sea
Que cumpla su mandato un enemigo
Nuestro.

Castro   Yo huiré, para volver más tarde
A clavarle un puñal.

Primer caballero   En estos sitios
Ha llegado ya Enrique; está dispuesto
Todo para romper.

Hernando   ¿Y aquí tranquilos
A conspirar os atrevéis?

Primer caballero   La reina
Mañana mismo dejará el castillo,
Y libre al fin, se asentará en el trono,
Que con Enrique cobrará el perdido
Castellano esplendor.

Castro   De su venganza
Seré yo ejecutor: si mi destino
Es perecer vengándome, ¡dichoso
Rendiré entonces mi postrer suspiro!
Yo daré el primer golpe, yo el primero
Me arrojaré a la lid, yo mi cuchillo
El primero hincaré.

Segundo caballero   Nosotros todos
Secundaremos tu animoso brío.

Hernando   ¡Qué! ¿No tembláis de conspirar ahora,
Del rey cruel en el palacio mismo?

¿Queréis hacer vuestro valor inútil,
Dando tal vez del alzamiento indicios?
Vamos presto de aquí.

Primer caballero   Vamos a Enrique,
A libertar a Blanca.

Castro   El asesino
De mi hermana caerá; yo os lo prometo.
El agravio de Blanca ya es el mío.

Fin del segundo acto

Acto III

El teatro representa el campo; a la derecha está el castillo, prisión de Blanca, con rejas de hierro salientes; a la izquierda se eleva una montaña escabrosa, toda coronada de rocas, entre las cuales, a cierta altura, se ve la boca de una caverna. De la cima de esta montaña, así como alrededor y al lado del castillo, siguen dos bosques dejando un claro por donde se descubre el Guadalquivir. El fondo del teatro es la otra orilla del río. Es de noche y solo alumbra la luz que arde dentro de la caverna.

Escena I

(La Maga y Abenfarax, aguzando un puñal.)

Abenfarax   Mejor después lo aguzaré en su sangre.

(Mostrándole el cuchillo a su madre.)

                      ¿No está bastante ya? Pronto en su pecho
                      Ha de hacerse la prueba.

La Maga   No, hijo mío;
                      Tú no le has de matar; su hermano mismo
                      Tiene que asesinarle. ¿No concibes
                      Mi regocijo, cuando Enrique muerto
                      Por la espada de Pedro yo contemple,
                      Al un hermano hollar del otro el cuerpo?

Abenfarax   Sí, madre, sí; pero su sangre entonces
                      No verás humeando en el acero
                      De tu hijo; ni al dártelo en tu mano;
                      Oiré las carcajadas del espectro
                      Que vaga en la caverna.

La Maga   Cuando Enrique
                      A los pies de su hermano caiga yerto,

En las redoblará: yo le he ofrecido
Un fratricidio horrible; en el infierno
Festejarán al recibir a Enrique,
Y aprestarán a Pedro otro festejo.
¡Jamás sentí tan puro regocijo!
Ni aunque volviera al fortunado tiempo
Cuando, en mi patria venturosa y joven,
Libre viví de los cristianos hierros,
¡Tanto gozo y placer sentir pudiera!
Es imposible, no; los amos nuestros
Entre sí se encarnizan. ¡Ah!, su sangre
Al fin mi pecho beberá sediento.
Y venganza juré: para saciarla
Yo os evoqué, demonios del Infierno,
Y vosotros vinisteis, y mi dicha,
Mi único gozo, mi mayor contento,
Fue cuando vi que, a mi furor sensibles,
Un hijo como tú me concedieron:
Un hijo en que a mi vista se retrata
La propia forma y el semblante de ellos.

Abenfarax   (Con alegría brutal.)
Tus furores, ¡oh madre!, son mi halago;
Son mi mayor placer, cuando te veo
Correr el bosque en la sombrosa noche,
Con alaridos y horrorosos gestos;
Cuando te escucho hablando solitaria
Y oigo de los demonios el acento,
Entonces yo con júbilo y con risa
Contemplo tu furor.

La Maga   ¡Júbilo horrendo
Que refresca mi alma! Sí, tu risa
Es la luz del relámpago funesto,

Precursora del rayo. ¡En tu miseria,
Tú, al cabo, eres feliz! Tu horrible aspecto
Es terror de los hombres, tu cuchillo
De su maldita sangre está cubierto,
Goteándola siempre; tu alegría
Es verlos a tus pies; hasta el tormento,
La furia misma de tu misma madre
Es para mí un placer.

Abenfarax   Yo te prometo
Darle el tuyo también; pronto a ofrecerte
Vendré de Enrique o de su hermano el cuerpo,
Y, sin ir a excavar las sepulturas
Para traerte descarnados huesos,
Su vil cadáver palpitante acaso,
Servirá a tus encantos.

La Maga   Y otro luego
Me servirá también: la del castillo,
La que allí gime en miserable encierro,
También perecerá. Blanca es cristiana,
Y esposa fue del delincuente Pedro.
La Padilla, celosa, la detesta,
Y aguarda solo mí fatal consejo
Para matarla; sí, Regó ya el día
De hartar de sangre mi sediento pecho.

Abenfarax   Regocíjate, ¡oh, madre! Yo te juro
Traértela también.

La Maga   Allá entreveo
Por el bosque una sombra; si es Enrique,
Antes que llegue, en la caverna entremos.

Abenfarax	Si me dejaras, madre, asesinarle...
La Maga	No; su hermano lo hará.

(Entran en la caverna.)

Escena II

La Padilla, sola   (Aparece por la espalda del castillo.)
                                        ¡Qué hondo silencio
Reina en la soledad! ¡Qué triste calma!
Tal vez el ruido súbito del viento
Me hace estremecer. ¡Oh cuánto el crimen
Aquí en la soledad remuerde el pecho!
No hay voz de cortesanos que lo halague;
No aquí lo aplaude el engañado pueblo,
Y el grito de la tímida conciencia
Se eleva a resonar en el silencio,
Más tremendo que nunca, y nunca el día
Llega de arrepentirme. Amor funesto,
Precipita mis pasos en el crimen;
Y yo su senda abandonar no puedo,
Y arrastrada por mano del destino
La sigo con vergüenza a mi despecho.
Pero la sigo, al fin. Tal vez mañana
Reciba yo el castigo que merezco.

(Se para delante del castillo.)

            Aquí está mi rival; he aquí su cárcel.
¿Quién sabe acaso si rompió sus hierros,
Y, libre al lado de su amante Enrique,
Espera ahora recobrar el cetro
Que mi amor le robó? ¿Quién, si yo misma

Vendré a ocupar el solitario encierro
Donde yo la arrojé? Tal vez... ¡Ah! Blanca
Al fin inspira compasión al pueblo.
Mientras que yo, infeliz, yo únicamente
Puedo esperar su escarnio y su desprecio.
¿Y mi hijo? ¡Gran Dios! ¡Ah! Nunca, nunca
Yo me arrepentiré, no; consultemos
La Maga de estos bosques; sus furores
Yo misma igualaré: cólera y fuego
Brotará el corazón. ¡Oh!, si es forzoso
Perder al fin el esperado reino
Y verme puesta a voluntad de Blanca
Implorando perdón, yo haré un veneno
Que ella habrá de gustar, y ambas entonces
Gozaremos al ver nuestros tormentos
Moribundas las dos: nuestra venganza
Así veremos satisfecha a un tiempo.

(Se acerca a la cueva y dice.)

Maga de la caverna, yo te imploro;
Una infeliz demanda tus consejos.

Escena III

La Maga   desde la caverna, responde:
¿Quién interrumpe con su grito ahora
Mi trabajo infernal? Mujer, tu intento
Me es conocido ya; yo sé quién eres;
Vienes, Padilla, a consultar mi espectro.
¡No entres en la caverna!

La Padilla   Si mis males
Te ha revelado el poderoso genio

Que te protege, ¡oh Maga!, sé piadosa,
Ten de mí compasión.

(Se oye un ruido dentro de la caverna, seguido de una carcajada horrible.)

La Maga (Dentro.)   Inútil ruego.
            ¡Compasión! ¡Compasión! ¡Ah! Los cristianos
            Imploran compasión... ¿Y cuándo ellos
            La tuvieron jamás? Mas tú, María,
            Eres también querida del infierno,
            Querida como yo; tú, sí, mereces
            Llegar a ver cumplidos tus deseos.
            Ánimo y me verás.

(Sale de repente con una antorcha en la mano, desgreñada y como de en medio de las llamas.)

                            ¡Mujer!, qué, ¿tiemblas?
            Acostúmbrate ya. ¿Ves este incendio...?
            En él ha de acabarse tu hermosura.
            Tus gustos, tu poder. ¡Ese es el fuego
            Que en el infierno abrasará tu alma
            Toda una eternidad! ¡Qué! ¿Te amedrentas?
            Acostúmbrate ya; justo, muy justo,
            Es que corone tu trabajo un premio
            Digno de tu maldad. ¿Cuándo gozará
            Placer el triste, si, después de muerto,
            No pudiera reír del poderoso
            Y burlar de su angustia?

La Padilla   Esos tormentos
            Te guarda el cielo a ti. ¡Calla! ¿No sabes
            Que yo, si irritas mi furor, te puedo
            Hacer arrepentir? ¿No me conoces?

¿Sabes tú quién yo soy?

La Maga

En ti yo veo
La manceba del rey. ¡Desventurada!
Tu furia es impotente; mi recreo
Es verte así sufrir, verte así humilde
Ajar tu orgullo y tu esplendor soberbio
¿Y qué puedes tú hacerme? Tu destino
Está en mi mano; en mi poder yo tengo
Tu vida, todo; y el monarca mismo,
Que humilde pone ante tus pies su cetro
Y que te anima a amenazarme, solo,
Cuando tú fueras muerta, con lamentos
Te pudiera vengar; tú no conoces
Que, árbitra yo de poderosos genios,
Trastornar puedo a mi placer el mundo,
Hacer dejar sus tumbas a los muertos,
Mover tormentas, a mi voz calmarlas,
Hacer estremecerse los infiernos
Y mostrar sus abismos. ¡Miserable!
Yo sí que ahora aniquilarte puedo
Solo de una mirada; si no fuera
Que seres como tú son instrumentos
Siempre de mi furor, aquí, ahora mismo,
Se abrieran a tus pies bocas de fuego
Para sumir tu orgullo.

La Padilla (Con temor.)

¡Ah! Yo te pido
Que me escuches no más. Ya que encubierto
No hay nada para ti, di: ¿mi destino
Será siempre feliz, o quizá adverso
Ha de tornarse pronto? ¿El rey acaso
Olvidará mi amor? ¿Veré yo el reino
Gobernado por Blanca?

(Aparece la Luna por cima del monte y refleja el río.)

La Maga
No, tu estrella
Radiante siempre brillará en el cielo,
Aunque ahora alumbre opaca y temerosa.
Mas te es forzoso exterminar primero
La esposa de tu rey. Blanca es forzoso
Que muera al punto. El inconstante pecho
De Pedro la amará, si tú retardas
La muerte de su esposa que...

(Se oye una voz cantando acompañada de un arpa, acercándose por el río; todo van sucediendo como dice la Maga.)

La voz
Lloraba la hermosa Elvira
En su lóbrega prisión,
Donde tirano su esposo
Por otro amor la olvidó.
¡Ay, Elvira! ¡Elvira! ¡Elvira!
Solo te llora
Tu trovador.

La Maga
¡Silencio!
¿No oyes, Padilla, un armonioso canto
Y el son de un arpa resonar no lejos,
Y de un barco el rumor...?

La voz (Más cerca.)
Todo sirve a recordarla
La libertad que perdió;
Responden solo a sus quejas
Los ecos de su prisión.
¡Ay, Elvira! ¡Elvira! ¡Elvira!
Solo te llora

                              Tu trovador.

La Maga   En el castillo
                    La silenciosa reja han entreabierto;
                    He allí Blanca y Leonor: aquí a esta sombra
                    Ocultémonos, pues.

(Pasan la Maga y la Padilla a la derecha del teatro, cerca del castillo de
Blanca, entre los árboles, sin abandonar el foro. La reina y Leonor, apare-
cen en una ventana del castillo.)

La voz   (Ya junto al foro.)
                              Todos olvidan la hermosa
                              Que un tiempo reina brilló,
                              Solo la llora el que siempre
                              Sin esperanza la amó.
                              ¡Ay, Elvira! ¡Elvira! ¡Elvira!
                                   Solo te llora
                                   Tu trovador.

Escena IV
(Dichos, Blanca, Leonor.)

Blanca   ¿Leonor, es cierto?
                    ¿Será la voz de Enrique?

Leonor   Sus promesas
                    Ved cómo, al fin, cumplió; llegó el momento
                    En que va a renacer nuestra esperanza,
                    En que vais a ser libre: yo he de veros,
                    Reina, otra vez feliz...

Blanca   ¡Ah! Tú deliras
                    Y te finges, Leonor, sabrosos sueños

Que están lejos de ser.

Leonor
                                            Dejad, señora,
Esas tristezas ya; mostrad esfuerzo;
Estad alegre como yo; el sonido
Cesó del canto y lo repite el eco;
Ved, Enrique está allí.

Escena V
(Dichos y Enrique, que embozado en su capa, salta en tierra.)

La Maga (A la Padilla.)   ¿No le conoces?
Ve allí el bastardo que se lanza al riesgo
Sin conocer el lazo.

La Padilla   ¿Es éste Enrique?

La Maga   ¿Por qué tiemblas, mujer? Tu triunfo es cierto;
Él viene a perecer.

(Enrique pasa al pie del castillo y reconoce a Blanca.)

Blanca   ¡Enrique!

Enrique   ¡Blanca!
¡Cuánto es sabroso al corazón tu acento!
Cobra esperanza ya; mañana el día
Es de tu libertad; cien caballeros
Hoy por la cruz juraron de su espada
Salvarte o perecer: mi hermano mesmo
Nos presta la ocasión. ¡Ah! No lo dudes,
Mañana el cielo auxiliará su esfuerzo.

Blanca   ¿Y tú, dónde estarás? ¡Ah! Teme, Enrique,

Y no al peligro te despeñes ciego.
¿Por qué mañana, di?

Enrique   Nunca, o mañana.
Ninguno es el peligro; el triunfo es nuestro.
Y va a abrirse tu cárcel; mis amigos
La súplica que hiciste al rey supieron,
Y su intento también. Cuando tú salgas
Mañana de su corte y piensen ellos
Volverte a tu prisión, Castro animoso,
Espada en mano, romperá tus hierros,
Sorprendiendo tu guardia: yo, entretanto,
Cerca te aguardaré; todo dispuesto
Allí estará para auxiliar tu fuga,
Y verte libre y en tu patrio suelo.

La Padilla   (Siempre al paño.)
Muerta primero la verás.

La Maga   ¡Ah! ¡Libre...!
La habrás de libertar después de muerto.

(Suelta una carcajada.)

Blanca   ¿No has entendido hablar?

Enrique   No temas, Blanca:
Nadie puede escucharnos.

Blanca   ¡Ah! Yo tiemblo.
¿No has sentido una voz?

Enrique   No, nada temas.

(Registra a un lado y a otro y vuelve.)

Era solo ilusión; reina el silencio.
El ruido melancólico del agua,
O el rumor en los árboles del viento,
Te ha engañado tal vez; mañana el día
Con nueva luz alumbrará sereno
Y calmará tu sobresalto, Blanca,
Nada exijo de ti; ¿nada merezco?
¡Ah! Tú jamás te acordarás de Enrique:
Tus lágrimas, tu amor, tu pensamiento,
Solo posee el tirano que te oprime,
¿No tendrás una lágrima, un recuerdo
Al menos para mí?

Blanca   ¿Por qué mis penas
Gozas en amargar? ¡Ah! Tu tormento
Agrava, más que todo, mi desdicha.
Yo le idolatro, Enrique, a mi despecho.
Ten lástima de mí: calma tu gente
Y reprime su ardor; retarda al menos
Tu aventurada empresa; si, mañana
Tal vez el rey se doblara a los ruegos
De su esposa infeliz; tal vez entonces
Dichosa y libre me veré, sin riesgo,
Sin que peligres tú.

Enrique   Piensas en vano
Que han de ablandar tus lágrimas el pecho
De un monstruo de crueldad. ¿Cuándo el balido
Del corderillo mísero al hambriento
Lobo compadeció? Llegó ya el día
De alzar la frente, de blandir el hierro,
De lanzarse a la lid: mañana mismo

66

Es forzoso empezar.

Blanca   ¡Oh! Quiera el cielo
tu vida proteger.

Leonor   La ronda ahora
Hace mi padre del castillo, y siento
Sus pasos acercarse.

Blanca   Adiós, Enrique,
Ten compasión de mí.

Enrique   Blanca, a lo menos
Guárdame tu amistad; piensa que Enrique
Es infeliz por adorarte ciego.

(Blanca y Leonor cierran la ventana y se retiran.)

Escena VI
(Enrique se retira por la espalda del castillo, haciendo de modo que cruce a colocarse detrás de la caverna. La Maga y la Padilla vuelven a donde estaban antes de ocultarse.)

La Padilla   Blanca ya se alejó.

La Maga   Su muerte ahora
Es fuerza apresurar.

La Padilla   ¿Y quién su brazo
Prestará a mi furor?

La Maga   Tienes el hierro,
Y el veneno a elegir: si el rey acaso
No consiente que muera, yo te ofrezco

67

Asesino y puñal.

(Enrique aparece a poca distancia de ellas, y recatándose.)

Enrique (Aparte.) Aquí el encanto
De estas selvas está, la voz que a Blanca
Ahora sobresaltó.

La Padilla Y el vil bastardo
Que intenta darla libertad mañana,
¿Piensa que vencerá?

La Maga ¿Vencer?, sus pasos
Sin él saberlo a perecer le guían.
Antes que nuevo Sol tienda sus rayos
Habrá expirado; la postrera noche
Es esta de su vida.

La Padilla (Con sarcasmo.)
¡Temerario!
Él mismo causará la justa muerte
De su adorada Blanca: el insensato
De nuevo ya mi enemistad provoca:
¡Triste de aquel que, en medio del océano
Desprecie su furor, viéndole en calma!
Él se abrirá para tragarle airado.

Enrique (Aparte.) Nombran a Blanca: mis intentos saben;
Los suyos yo descubriré: atendamos.

La Maga (Con alegría infernal.)
Esa orgullosa cólera me alegra.
Me ensancha el alma. ¡Réprobos cristianos!
Corred a la matanza; en vuestra sangre

Hundid los brazos, reteñid los labios;
Hartaos de matar; nunca descanse
Vuestro horrible puñal; exterminaos.
¡Oh!, quién me diera contemplar muriendo
Vuestra maldita raza, vuestras manos
Rasgando vuestros pechos, vuestros hijos
El seno de sus madres destrozando;
Y ver vuestras entrañas palpitantes
De hambrientos perros regalado pasto,
Y el hondo abismo del infierno abierto,
Sus gargantas de fuego, jadeando,
Los demonios abrir, entre humo y llamas,
Ciudades sepultar, reinos cristianos.

(Asiendo fuertemente del brazo a la Padilla.)

Mujer que anhelas sangre, un hijo mío
vuestra sed calmará. Sangre en el cráneo
De Blanca beberás.

La Padilla   ¡Ah! Tus furores
Me estremecen. ¡Gran Dios!

La Maga   ¿Dios? Es en vano
Que le llames aquí, solo a ese nombre
Pudiera el cielo responder tronando,
Si te escuchara Dios, Mujer responde:
¿Quieres que muera Blanca? Ya ni un paso
Puedes retroceder; un hondo abismo
Se abre detrás de ti, vano es el llanto,
Vano es rogar, arrepentirse inútil;
Fuerza es seguir por el camino usado.
¿Quieres que muera Blanca?

La Padilla   Sí; es forzoso,
                  Es forzoso que Blanca o yo muramos.

Enrique   (Se presenta delante de ellas
                  con la espada desnuda y armado.)
                  Nunca; vosotras, infernales furias,
                  Sí que vais a morir. Temblad; mi brazo
                  Blande la espada con que el cielo mismo
                  Va a castigar vuestro delito infando.

La Maga (Sonriéndose.)¿Vienes tú a castigarnos?

La Padilla   Caballero...
                  ¿Y osas cobarde levantar tu mano
                  Contra mujeres débiles?

Enrique   ¿Mujeres?
                  Con rostro de mujeres, sanguinarios
                  Corazones de tigres son los vuestros:
                  Corazones de hiena, cuyo pasto
                  Es sangre de inocentes.

La Maga   Sí; y el tuyo
                  Inocente es también, infame hermano
                  Del rey infame del cristiano pueblo.
                  ¡Ah, ya caíste en el tendido lazo!
                  Cerca está de sonar tu última hora;
                  La muerte ya con silencioso amago
                  Te estrecha en derredor, ¡Genios terribles!
                  ¡Espíritus del tártaro, alegraos!
                  Vuestra víctima es esta: aquí ella misma
                  Codiciosa su fin viene buscando.
                  ¡Ángeles de la muerte, y tú, hijo mío,
                  Ministros de mi furia, aquí mostraos!

70

Enrique	Tus gritos no me espantan, ¡miserable! Llama en tu auxilio los agentes vanos De tu necio furor, llámalos, grita; No salvarán tu vida tus encantos.

(Se arroja a ella, y la Maga de un salto, deshaciéndose de él, se pone a la boca de la caverna.)

La Maga	Impotente es tu cólera, ¡Demonios! ¿No piden sangre vuestros secos labios? Aquí está vuestra víctima. Hijo mío, ¿No tiembla tu cuchillo entre tus manos? ¡Qué! ¿No te dice el corazón que hay sangre? ¡Ministros de mi furia! ¡Aquí mostraos!

Escena VII
(Dichos y Abenfarax, con serenidad estúpida. Enrique retrocede, como asombrado.)

Abenfarax	(Sobre las breñas.) ¿Hay, madre, ya que asesinar a alguno?

La Maga	Regocíjate, sí.

Abenfarax	Su mismo hermano, ¿No le había de matar?

Enrique	Hombre o demonio. Solo un ser como tú puede ser parto De esta furia infernal. Baja, que el cielo Redobla ya el esfuerzo de mi brazo, Que se alza a castigarte.

Abenfarax   (Mofándose brutalmente y bajando muy despacio.)
                                     Ya hace tiempo
                   Que te persigo yo. ¿Te causo espanto?
                   Nada ternas de mí; yo intento solo
                   Retorcer mi puñal, cuando a enclavarlo
                   llegue en tu corazón.

Enrique   ¡Vil asesino!
                   Vosotros, si matáis, matáis temblando,
                   No frente a frente. Un solo caballero
                   Mil como tú desprecia; tú, malvado,
                   Vas a morir; yo libraré a la tierra
                   De tu madre y de ti, monstruo inhumano.

(Se va hacia él y la Padilla se interpone.)

La Padilla (A la Maga.) Detén tu hijo.

La Maga (A la Padilla.)   ¡Y qué! ¿No es tu enemigo?

La Padilla   Es mi enemigo, sí; pero es hermano
                   También del rey, y su valor merece
                   Otra espada más digna, otro contrario.
                   Detén, Maga, tu hijo.

Abenfarax   Yo ya es fuerza
                   Que beba sangre. Para ti he aguzado
                   Esta noche el puñal.

Enrique   ¡Muere, asesino!

(Arrojándose a él y luchando los dos.)

(El rey y García, embozados, salen por el lado del castillo.)

El rey (Aparte a García.) Las voces son en la caverna; en alto
Una espada relumbra; apresuremos
Nuestros pasos allí: pronto, corramos.

La Maga
(Animando a su hijo.)
¡Lánzate a él, devórale, hijo mío!

La Padilla (Aparte.)
Dos hombres llegan con veloces pasos.
¡Triste de mí si me conocen! ¡Cielos!
¡Verme reunida a seres tan malvados...!

(Ocúltase entre los árboles.)

García (Al rey.)
Son Enrique y Farax.

El rey
(En voz alta a los que pelean.)
¡Tened, cobardes!

(Suspenden el combate y miran al rey.)

Enrique
¿Y quién cobarde me apellida? ¿Acaso
Otro asesino vil? ¡Eh! Caballeros,
Quien quiera que seáis, podéis marcharos.

El rey
O acometerte y arrancarte el alma.
Y darte así de tu traición el pago.

Enrique
¡Traición! ¡Traición! Y bien, acometedme
juntos todos, venid: solo os aguardo.

Abenfarax
Sobre ti nos verás.

El rey
(Deteniéndole bruscamente.)

¡Tente, asesino!
Yo juro a Dios que el que adelante un paso
Cae tendido a mis pies.

La Maga   Ven, hijo mío;
Ellos se matarán.

El rey   (Siempre sin descubrirse.)
                                    ¡Traidor villano!
Yo vengo a hundir mi espada en tus entrañas
¿Tú me buscabas?, ya me has encontrado:
Yo salgo a recibirte.

Enrique   No imagines
Que el duelo yo retarde; mas si acaso
Iguala tu linaje a tu osadía,
Sepa tu nombre el que aborreces tanto,
El que tu reto acepta.

El rey   ¡Miserable!
No pregunto yo nunca a mi contrario
Su nombre en la batalla; empero, sabe
Que no me nombran, como a ti, el bastardo,
Ni me llaman traidor; que espada en mano
Decido siempre diferencias mías,
Y nunca con traición.

Enrique   ¡Traición! ¿Y cuándo
La he cometido yo? Solo ese nombre
Diera a mis hechos el indigno esclavo
Que el lodo inmundo encenagado vive,
Gozoso en su baldón. Vil cortesano,
Si el rey mi hermano a batallar te envía
Contra el que osaste apellidar bastardo,

Tiembla no sea que mi espada vengue
En ti mi injuria, y que escarmiente al bajo
Cobarde adulador, que a ser se ofrece
Ministro vil del mísero tirano,
A cuya vista tiembla.

El rey   ¿Y qué, tu solo
No le habías de temblar? Más humillado
Has de verte a sus pies que los que, altivo,
Osas ahora apellidar esclavos.
¡Defiéndete!

(Quítase el embozo y se presenta armado.)

Enrique   (Retrocediendo.)
                          ¡Es el rey!

(La Padilla sale de donde estaba.)

La Padilla   ¿El rey? ¡Oh, cielos!
¿Piensas, Enrique, asesinar tu hermano?

El rey   Huye de aquí, mujer; mírame, Enrique.
¿Me conoces? Defiéndete.

La Padilla   ¡Insensato!
Si así tu vida en despreciar te empeñas,
He aquí mi corazón; tu acero insano
Clava bárbaro en él.

Enrique   (Envainando la espada, con extrañeza.)
                          ¿Tú me buscabas?

El rey   ¿No te mostró mi cólera tu hermano?

Yo te buscaba, sí; yo te aborrezco.
Vengo para satisfacer nuestros agravios.
Sé tus ofertas, tu traición, tu infamia;
Todo, Enrique, lo sé; piensas en vano
Tus tramas ocultar: fuerza es ahora
La máscara arrojar, lanzarte al campo,
Exponerte a morir. ¡Pérfido! Sabes
Que estoy al fin de tus maldades harto.

Enrique   ¡Tú me llamas traidor! Ese es el nombre
Con que siempre los déspotas tacharon
Al que brioso, independiente y libre,
Osa arrostrar sus bárbaros mandatos.
¿Con qué derecho a tu capricho piensas
Los hombres todos sujetar esclavos?

El rey   Mi esfuerzo y mi valor me dan seguro,
Y en mi propio derecho me afianzo,
Y al vil traidor que mi enemigo sea
Para hacerle morir basta mi brazo.

Enrique   (Con despecho.)
Eres mi hermano al fin.

El rey   ¡Bajo cobarde!
¿Me das ahora el nombre de tu hermano
Por dar disculpa de tu miedo indigno?
¿No era tu hermano yo cuando has osado
Alzarte contra mí, juntar secuaces,
Salvar a Blanca, arrebatarme el mando
Y aun la vida? ¡Pérfido! Ahora
Hiéreme si te atreves, yo te aguardo,
Diversa sangre por tus venas corre
Que la que hierve en mí. ¿Quién? ¿Tú, mi hermano?

                              Vergüenza eterna para mí sería
                              Dar tan honroso título a un bastardo.

Enrique   Quien nos ha dado el ser fue un mismo padre,
                              Que hizo un hombre de mí; de ti, un tirano.

El rey   La que te dio a ti a luz fue una ramera
                              Y de ella hubiste lo cobarde y bajo
                              De tu alma ruin.

Enrique   ¿Y quién más causa
                              Ha dado a la venganza? Mis agravios,
                              Tus injusticias, tu altivez, tu furia,
                              Harto disculpan mi traición si acaso
                              Llamarse así mis hechos merecieran...

El rey   Si te resienten mis ofensas tanto,
                              Yo ante ti mismo las mantengo todas,
                              Para unir el baldón a los agravios.
                              Satisfácete ya, la espada sea
                              Único juez y mediador de entrambos.

La Padilla (Al rey.)   ¿Y siempre tú te arrojarás al riesgo
                              De morir o matar? ¿Nada mi llanto
                              Puede alcanzar de ti?

El rey   ¿Qué? ¿Tú proteges
                              También a mi enemigo?

Enrique   Yo retado
                              Yo al duelo respondí siempre; mi espada
                              Pronta y mi brazo está para aceptarlo.
                              Testigo Dios y el universo entero
                              Que si mi mano contra ti levanto,

Es pesaroso y a despecho mío,
Es porque tú me fuerzas.

(Pone mano al puño de su espada.)

El rey   Cuanto hago
Y quise hasta aquí hacer está bien hecho
Por haberlo hecho yo, que nunca he dado
De mis gustos razón: Sí, yo insulto,
Yo te fuerzo a lidiar, yo, porque ansío
Verte a mis pies y sin razón alguna,
Solo por ser mi voluntad lo hago.

Enrique   (Con pesadumbre.)
¿Y habré yo al fin de desnudar la espada
Contra un hermano, yo?

El rey   Tú, al fin, bastardo
Y cobarde a la vez, la luz del día
Te halle lejos de aquí. Lleva tus pasos
Donde tu nombre yo jamás escuche,
Y olvide así tu nacimiento aciago
Y que existes también; yo te desprecio,
Te juzgo indigno de probar mi brazo,
Y te ordeno partir. ¡Ah!, si mañana
Tus intentos seguir piensas acaso,
Y aún te ocultas aquí, por cielo y tierra
Juro hacerte morir en un cadalso
Para infamia mayor; huye, y si osas
Con los tuyos volver, llámame al campo.

(Le vuelve la espalda. Enrique le mira con desdén y se retira despacio a emboscarse por la derecha.)

García	¿Y así dejáis vuestro enemigo libre,
	Para que junte su ominoso bando
	Y vuelva contra vos?

La Maga	(Aparte a su hijo.)
	Síguele, y muera.

Abenfarax	(Aparte a la Maga.)
	Yo te lo juro: morirá a mis manos.

(Vase por donde se fue Enrique.)

El rey	Cobarde ahora se mostró a mis ojos;
	Yo le desprecio ya; lleno de espanto
	Temblará siempre al recordar mi nombre
	Y nunca más parecerá en el campo
	A arrostrar mi furor. Darle la vida
	Es aun mayor castigo que matarlo.

(Va a retirarse, y la Maga se presenta delante de él como inspirada de repente.)

La Maga	El denso velo que el destino cubre
	Miro rasgarse ya. Rey de cristianos,
	Oye mi voz, y a mi tremendo acento
	Ronco responda el tártaro tonando.
	Próximo está tu fin; ya tu enemigo
	Con alta pompa y esplendente fausto
	Va muy pronto a brillar; óyeme y tiembla:
	¡La vida, sí, te arrancará tu hermano!

(El rey titubea un momento como sorprendido; la mira después con desprecio, y hace ademán de irse, y cae el telón.)

Fin del tercer acto

Acto IV

Un salón con dos tronos, varios caballeros armados.

Escena I

Primer caballero	Mano y guante te doy.

Segundo caballero

                         Yo lo recibo
Y a fe de noble por mi honor te ofrezco
Salvar a Blanca o perecer.

Hernando

                         ¿Y Castro?

Segundo caballero   Aguarda solo la señal.

Hernando

                  Silencio.
Aquí se acerca el suspicaz García.
La cólera ocultad; sus pasos siento.

Escena II
(Dichos y García.)

García

¿De guerra armados, y en la corte ahora?
¡Brillante es el arnés! ¡Cuánto es más bello
Vestido un noble de lucientes armas
Que no de sedas y perfumes lleno!
¿Y qué intento traéis?

Primer caballero

                Contra Granada
El rey se apresta a desnudar su acero,
Y contra el moro; cual vasallos fieles,
Venimos a ofrecerle nuestro esfuerzo.

García   Y el rey lo aceptará; firme está el trono

	Que se apoya en tan sólidos cimientos.
	Vuestra noble lealtad, vuestra bravura
	Harán el cetro de Castilla eterno.

Segundo caballero (Mirando fijamente a García.)
Más brilla el noble en la sangrienta lucha,
Defendiendo su patria y sus derechos,
Que el cortesano vil que torpe emplea
En intrigar y en adular su tiempo.

García (Como enajenado de gozo.)
¡Cuál me palpita el corazón brioso
Al contemplar vuestro valor!

Segundo caballero (Aparte.)
El miedo
Es quien le hace latir.

Hernando El rey se acerca.

(Aparte a los otros caballeros.)

Vamos lejos de aquí.

Primer caballero (Irónicamente a García.)
Pronto volvemos.

García Id, oh, nobles, con Dios.

Segundo caballero (Con el mismo tono irónico.)
Adiós, García.

(Vanse.)

García, solo	Pronto, bien pronto nos veremos, necios.
	El volcán va a tronar; yo haré que estalle
	Y allá os sepulte en su profundo seno.

Escena III
(La Padilla, el rey, García y acompañamiento.)

| La Padilla | (Muy agitada, aparte, a su hermano.) |
| | ¿Y viene hermosa, di? |

| García | Sí, pero pronto |
| | Allá en la tumba dejará de serlo. |

| La Padilla | ¿Y los que intentan libertarla? |

| García | Apenas |
| | Alcen la voz serán presos o muertos. |

(El rey sube al trono y hace subir a la Padilla en el otro.)

El rey	He aquí, Padilla, el esplendente trono
	Donde a la par de mí te doy asiento.
	Hoy a tus pies tributará homenaje
	Rendido todo el castellano imperio;
	Y hoy prosternada mirará tu brillo
	La que perdió por crímenes el cetro,
	Y aún trama en su prisión. ¡Perezca Blanca!
	¡Guardias! Hacedla entrar.

Escena IV
(Dichos y Blanca, trémula y temerosa. La Padilla, muy agitada. Un momento de silencio.)

| El rey | Todos atentos |

A escucharos están, hablad, si el crimen,
¡Oh Blanca de Borbón!, no os turba el pecho.

(Blanca alza la vista, la fija en el trono en que está la Padilla y vuelve a bajarla.)

Blanca   ¿Qué he de decirte yo?

El rey   ¡Basta de llanto!
Si con fingidas lágrimas tu intento
Es ablandar mi corazón, te engañas.
Yo sé que, a tu placer, cambias de aspecto
Sé que sabes mentir.

Blanca   Y yo te adoro...
Y yo del pecho disipar no puedo
Tan funesta pasión.

El rey   Blanca, es inútil
Que me finjas amor; yo lo desdeño.

Blanca   ¿Fingirte amor? ¿Por qué? ¿Por qué fingirlo
Cuando por ti y a mi pesar lo siento?
¿Por qué hablarte de amor, cuando a tu lado
Brillante en gloria a mi enemiga veo?
¿Qué he de decirte yo? Yo, aquí traída
Como cautiva mísera entre hierros,
Para adornar con mi humildad su triunfo
Y escarnio ser de su esplendor soberbio.

El rey   A ti mi justa indignación castiga;
Mi amor a tu rival concede el cetro.

Blanca   Tú eres rey de la tierra; tú, orgulloso,

Das a tu voluntad castigo y premio.
Y tú, Padilla, a tu placer te entregas
Al verme ahora ante tus pies gimiendo:
Mas hay un Dios, que a los monarcas juzga;
Omnipotente rey, señor del trueno,
Preside en su alto asiento a la justicia,
Y venga siempre al inocente opreso.
Él me protegerá; mas no, Dios mío.
Si vibras, ¡ay!, tu rayo justiciero,
¡Víbralo contra mí! Perezca el justo,
Si así se salva el delincuente reo.

El rey   ¡Hipócrita infernal! ¿Y tú inocente
                Osas llamarte, ante el monarca mesmo,
                Cuyo poder arrebatar pretendes?
                ¿Tú, que presumes elevar al reino
                Tu amante Enrique, y en viciosa liga
                La alta cerviz del castellano pueblo
                Doblar so el yugo del francés indigno...?
                ¡Huye de aquí, mujer, yo te detesto!

Blanca   ¡Triste de mí, que en mi ilusión creía
                Que al fin triunfaran de tu altivo pecho
                La inocencia y verdad! ¡Ah! La esperanza
                Era el único bien que en tanto duelo
                Yo conservaba aún; era la rosa
                Que derramaba aroma en el desierto
                ¡Voló cual humo la esperanza mía!
                ¡Tú, que me robas mi postrer consuelo,
                No me maltrates más, dame la muerte:
                Yo no veré mi desventura al menos,
                Y ella será feliz; dame la muerte!

(Mirando a la Padilla.)

El rey	En vano son, ¡oh, Blanca!, tus lamentos.
	Si aquí viniste a demandar justicia,
	Enjuga el llanto y abandona el miedo;
	Habla y no tardes más.

Blanca	¡Ah! Yo venía
	A implorar tu bondad, testigo el cielo
	De que siempre te amé; mas, ¡ah!, ¿qué digo?
	¡Miserable de mí! Brillante veo
	La cólera en tus ojos; no, la muerte,
	La muerte sola a demandarte vengo.
	Si te irritan mis lágrimas, no tardes;
	Ellas brotan de aquí: hiéreme el pecho.

El rey (Con ironía.)	Tal vez a Enrique ablandará tu llanto,
	Y acaso por tu amor perderá el miedo.

Blanca	Al mundo todo enternecer pudiera
	viéndome así infeliz sin merecerlo.
	¿Qué te hice yo nunca? Por ventura,
	¿No es mi crimen amarte?

El rey	El fingimiento
	Pudo nunca ser más, Blanca, tu amante
	No alcanza tu valor. Con torpe miedo,
	Te ha abandonado ya. Basta, y no finjas;
	Tu astucia en vano ayudará su esfuerzo:
	Ya Enrique te olvidó.

Blanca	Tú te deleitas
	En verme padecer, ¡verdugo fiero!
	Si está tu gozo en amargar mi muerte,
	Ceba en mí tu furor, rásgame el pecho

Y muéstrate cruel; mas nunca dudes
De que siempre te amé. ¡Ah!, no hay tormento,
No hay injuria mayor; toda mi alma,
Todo mi corazón arde a despecho
De mi propia razón. ¡Ah!, yo te adoro,
La muerte solo a demandarte vengo.

La Padilla   Es insufrible ya.

Blanca   Mujer, ¡oh!, nunca
A verte llegues como yo me veo,
Sin encontrar piedad; nunca mi nombre
Te traiga un día tan fatal recuerdo.

La Padilla   ¿Y osas tú maldecirme?

Blanca   ¿Maldecirte?
Muéstrame cómo, y te maldigo luego.
Yo lo oso todo, sí; yo ansío la muerte,
La busco y llamo, por la muerte anhelo:
Ella es mi único bien, ella es el árbol
A cuya sombra reposarme quiero.
Débil mujer cual soy, ¡ah!, me alimenta
La desesperación; ya nada temo,
Yo no sé maldecir, mas si me enseñas,
También maldeciré.

(Al rey.)   Mas tú que el fuego
Arder hiciste que me abrasa el alma,

(Se va acercando al trono en actitud suplicante.)

Apiádate de mí. Yo te deseo
Siempre felicidad. ¡Ah!, sí, perdona,
Perdóname, ¡infeliz!, sí, yo detesto,

Si ofendo a esta mujer. ¡Ah, tú la adoras!
Benigno quiera perdonarla el cielo,
Cual la perdono yo.

(Se abraza a sus rodillas.)

Dame la muerte
Y a Dios por ti le rogaré muriendo.

El rey   Déjame ya, mujer. ¡Guardias! ¡Llevadla!

Blanca   No me arrojes de ti. Aquí primero
                Yo moriré que separarme; hiere...
                Sé piadoso una vez...

(El rey echa mano al puñal; ella le mira con alegría y dice.)

Hiéreme luego.

(El rey deja caer el puñal de la mano.)

El rey   ¡Arrancadla de aquí guardias!

(Los guardias la separan, y cae desmayada.)

Blanca   ¡Dios mío!

(La levantan del suelo y García sale con ellos, dándoles prisa por señas.)

Escena V
(Dichos, menos Blanca y García.)

El rey   (Muy disgustado.)
                No sé qué pena a mi despecho siento.

Si ella fuera inocente... ¡Ella inocente!
jamás sentí tan agitado el pecho...
Es imposible, no.

La Padilla   ¿Te compadecen
Su llanto y su beldad? ¿Serás tan ciego
Que acaso dudes que su llanto es falso?

El rey   Es falso, sí, Padilla...
(Levantándose.)
                              Mas ¿qué estruendo
De voces altas y crujir de espadas
Y sediciosos gritos aquí siento?

(Dentro, ruido de voces y de cuchilladas.)

Una voz (Dentro.)   ¡Al arma! ¡Una traición!

Otras voces   ¡Muera el tirano!

El rey   (Saltando del trono.)
                       Es Enrique tal vez. ¡Al arma! ¡A ellos!

(El ruido de armas se acerca.)

Otras voces (Dentro.) ¡Muera el tirano y que la reina viva!

El rey   Dadme mis armas y mi espada presto.
                       ¡Dadme luego mis armas!

(Un escudero le trae el casco y la espada; el rey arroja el manto, se cala el
yelmo y desnuda la espada, tirando la vaina, para no tardar en ceñírsela.)

                              ¡A encontrarlos!

(Va a salir y entra Castro, herido, luchando con los guardias.)

Castro   Tirano, ¿dónde estás?

Un guardia   ¡Rinde tu acero!

Castro   Cuando atraviese el corazón del tigre,
                          Allí lo rendiré. Sal ya, perverso:
                          ¡Castro, Castro te llama!

El rey   (Presentándose delante de él.)
                                              ¡Tú, villano!

Castro   (Se arroja a matarle con tal precipitación
                          que falla el golpe.)
                          ¡Muere, monstruo feroz!

El rey   (Clavándole una estocada.)
                                              Vano es tu intento.
(Tírale otro golpe.)   ¡Muere tú, miserable! Así perezcan
                          Mis enemigos todos a mi acero
                          Y hollados como tú.

(Cae Castro y el rey le pone el pie encima.)

Castro (Moribundo.)   ¡Venganza, amigos!
                          La fortuna es del déspota... yo muero.

(Muere.)

El rey   Ve a acompañar tus viles partidarios.
                          Ahí tenéis vuestro jefe: yo os lo vuelvo.

(Cogiendo el cuerpo y asomándose a una ventana. Se oyen mueras y voces en la calle.)

Escena VI
(Dichos y García, que entra precipitadamente.)

El rey   Salgamos a encontrarlos.

García   Fugitivo
                          Corre a salvarse, amedrentado el pueblo
                          Que a Hernán Castro siguió; los otros nobles
                          Exhalaron, luchando, sus alientos
                          Sin querer someterse.

El rey   (Encendido en cólera.)
                                            Y bien: perezcan.

La Padilla   ¿Y Blanca? ¿Blanca se salvó? ¿Pudieron
                          Libertarla tal vez?

García   (Con su acostumbrada frialdad.)
                                        Blanca, en su cárcel,
                          Lamenta ahora sus amigos muertos.
                          Ella los vio luchar, y en vano, en vano,
                          Tendió los brazos, su favor pidiendo.
                          Los vio también morir.

El rey   ¡Mujer malvada!

La Padilla   Ella es, señor, la que alborota el pueblo.

García   Su nombre al menos los disturbios mueve,
                          Y aparente razón da a los intentos
                          Del astuto traidor.

El rey (Como reflexivo.)   Si ella es culpable...

García   Ella es culpable del tumulto mesmo,
Que acaba de estallar; Blanca y Enrique
Hoy tramaron romper; hoy presumieron
Con engaños y lágrimas moverte,
Para clavarte su puñal sin riesgo.
La noche, sí, que perdonaste a Enrique
Castro y los suyos contra ti se unieron,
Por consejo del pérfido y de Blanca;
He aquí, señor, de tu bondad el premio.

El rey   (Como fastidiado y distraído el resto
de la escena, pregunta con indiferencia.)
¿Y Enrique?

García   Se salvó.

El rey   ¡Cobarde, al cabo!

García   No fue la causa de su fuga el miedo.

La Padilla (Con ironía.) Fue por volver a su adorada Blanca
Y consolarla, y suplicar de nuevo
Tu clemencia y perdón; fue porque saben
Que siempre tu furor calman sus ruegos.

García   Aun ellos guardan la esperanza ahora
De volver a la lid. Oculto hierro
Tal vez con risa la traición prepara,
O la dorada copa del veneno
Acechándote ya.

La Padilla	Lo has visto hoy mismo;
	Tu vida solo libertó tu esfuerzo.

García	Solo su muerte libertar pudiera
	De la guerra civil que amaga al reino,
	Y volvemos la paz; solo su muerte
	Puede calmar la tempestad que siento.
	Prudencia en tanto; publicarla ahora
	También pudiera apresurar el riesgo
	Que yo intento alejar.

El rey	¡No más, García!

La Padilla	¿Dejas a Blanca así?

El rey	Yo te la entrego.

(Vase.)

García	Hoy mismo morirá.

La Padilla	Vuelve al castillo.
	¡Manda que muera! ¡Ve!

García	Calma y secreto.

Escena VII
Prisión de Blanca.

(Blanca y Leonor.)

Blanca	(Como enajenada.)
	¡La Padilla y el rey! ¡Y ella en el trono!
	Era un sueño, Leonor, todo era un sueno.

Dime que no es verdad... ¡Ah!, yo la he visto
Y el rey, feroz, sin escuchar mis ruegos
Me ha arrojado de sí. Voces, espadas...
¿Era un sueño, Leonor? Dímelo al menos.

Leonor   Sosiega, ¡oh reina!, tu dolor.

Blanca   ¿Yo reina?
Para siempre, Leonor, dejé de serlo.
Brillante, altiva, en mi dolor triunfando,
Me vio bañada en lágrimas. Yo solo
Pedí la muerte, por consuelo mío,
Y él me negó la muerte con desprecio.

Leonor   ¡Cálmate, por piedad! ¡Ah!, la esperanza
No así abandone tu afligido pecho.

Blanca   No me abandona, no; la muerte al cabo
Es también esperanza. Tú en mi acerbo
Pesar no puedes consolarme; todos
Me abandonaron ya: ya no hay remedio.
Deja que yo desesperada muera
Y se harte en hiel mi corazón sediento;
No me consueles más. Pedro la adora,
La eleva al trono que ocupé yo un tiempo
Bebe el placer en sus impuros labios,
Y de mi pena y de mi amor riendo,
De sí me arroja y mi dolor burlando,
Calma mi sed con copas de veneno.

(Se arroja al suelo.)   He aquí, Leonor, el trono de una reina,
Que ajada, opresa por su esposo mesmo,
Solo en la paz de la callada tumba
Puede esperar a su dolor remedio.

Leonor   Alguien se acerca; sosegaos.

Blanca   ¡Huyamos!
                          Los tigres a gozar vienen hambrientos
                          En su presa infeliz. ¡Leonor, huyamos!
                          Tintas sus manos en la sangre veo
                          De sus hermanos mismos.

(Huye precipitadamente, llevándose a Leonor por la puerta de la derecha.)

Escena VIII
(García, el alcaide.)

García   Sí, Don Tello;
                          Hoy intentaba libertarla Enrique;
                          Hoy el bando rebelde, osado y fiero,
                          Violó el palacio del monarca augusto,
                          Y alguno hubo que hasta el trono mesmo
                          Osándose lanzar, midió su espada
                          Con la espada del rey, y cuerpo a cuerpo.

Don Tello   ¿Con la espada del rey? Decid, García,
                          Y ¿cómo aún el merecido premio
                          No han recibido ya crímenes tantos?

García   El rey los perdonó; la paz del reino
                          Solo exige una víctima; los otros
                          Son de sus artes instrumentos ciegos.
                          Blanca...

Don Tello   ¿La reina?

García   Sí, Blanca es culpable.
                          Obedeced del rey el mandamiento.

Don Tello	¿La condena a morir?
García	Y ejecutada Ha de ser aquí mismo y en secreto. El rey lo manda.
Don Tello	Obedecer es fuerza.
García	Esta noche a las doce, con silencio En un sitio apartado en el castillo, Debe morir, por que lo ignore el pueblo. Abenfarax, el hijo de la Maga, Vendrá a cumplir el mandamiento regio.
Don Tello	¿A las doce, decís?
García	Sí; a media noche: Disponedla a morir. Adiós, Don Tello.

(Vase.)

Escena IX

Don Tello, solo	Es mandado del rey; fuerza es que muera: Yo cumplo mi deber cuando obedezco.

Fin del cuarto acto

Acto V
La misma decoración del tercer acto. Una tempestad. Es de noche.

Escena I
(La Maga, con una antorcha en la mano canta estos versos. Su hijo, sentado sobre una roca.)

La Maga

¡Oh! Salve, oscuro genio
Del hórrido huracán.
Ceñudo tú te sientas
Allá en la tempestad.
Tu augusto trono velan
La noche y el horror.
Tu voz en silbo y trueno
Retumba en derredor.
Las ígneas alas tiendes
Por cima al aquilón,
Y en torno al aire tiñe
Relámpago feroz.
Salud, salud mil veces,
Espíritu infernal;
Desciende a mí en las alas
Del hórrido huracán.
Hoy festeja el averno; hoy, hijo mío,
La luz del rayo su festín alumbra,

Y en la noche los lívidos espectros
Al trueno aterrador sus gritos juntan.
¡Noche de muerte! ¡Regocija el pecho,
¡Hijo de Satanás! Sí, ya vislumbra
A la luz del relámpago tu daga,
teñida en sangre la aguzada punta
¡Noche de muerte es! Vuela, hijo mío;
Con sangre ya mi paladar endulza.

Abenfarax	Dame, ¡oh madre!, el puñal. ¿Llegó la hora?
La Maga	Pronto ya va a sonar. La noche oscura Sirve a encubrir tus silenciosos pasos. El genio del averno te conduzca, Yo te doy mi puñal: marcha al castillo.
Abenfarax	Yo juro allí satisfacer tu furia.

(Vase de modo que se ve abrir la puerta del castillo, y entra en él.)

La Maga	(Vuelve a cantar.)
	    En medio a la tormenta
	    Su hora sonará.
	    La muerte acechadora
	    Su presa aguarda ya.
	        Genios del Tártaro,
	        Venid a mí,
	        Venid mi júbilo
	        A repartir.

(Se arroja en la caverna.)

Escena II

Cambia la decoración. Prisión de Blanca, una capilla gótica del castillo, un crucifijo en el fondo del teatro; una lámpara moribunda alumbra la escena. La tormenta se oye a lo lejos.

(Blanca, Leonor.)

Blanca	¿Por qué, Leonor, tu corazón se oprime? La muerte al fin consolará mi angustia, Y volará mi alma a la morada

Donde reina la paz; tu llanto enjuga,
Y ahora, en vez de lamentar mi suerte,
Alégrate conmigo en mi ventura.

Leonor   ¿Por qué yo el nombre de tu dulce amiga
De tu boca escuché? ¡Ojalá nunca
Te hubiese visto yo! Yo no llorara
Al ver abierta ante tus pies la tumba.

Blanca   ¡Dulce Leonor! ¡Gran Dios! Calma tu llanto.
¿No ves mi dicha tú? Gloria más pura
En trono eterno el Dios de la inocencia
Guarda, Leonor, para las almas justas.
¿Qué vale el trono de la tierra toda
Cercado de esplendor? Su faz se anubla
Y el pueblo aquel que le temió algún día,
Perdido el brillo, su grandeza burla
No así aquel trono que esplendente siempre
Brilla en la eternidad. Paz y dulzura,
Inocencia y virtud, siempre le ensalzan.
Allí la libertad, la gloria augusta,
Su eterno manantial vierten, regando
Fértiles campos de eternal verdura.
Allí se cifra mi esperanza ahora.
¿Por qué temer la calma de las tumbas,
Si el alma la quietud halla en su seno
Que en la tierra infeliz en vano busca?
Sosiégate, Leonor; yo estoy tranquila.

Leonor   ¿Y vos tan joven moriréis? ¿Y nunca
Os volveré yo a ver? ¡Ah!, no es posible.
Yo nunca os dejaré... ¡Pasos! No hay duda,
Los asesinos son...

(Se abraza a Blanca.)

Blanca   Allá en el cielo
                          Me aguarda la virtud; sus manos puras
                          Allí nos unirán. Leonor, la muerte
                          Siento solo por ti. ¿Lloras? ¿Te angustias?
                          Tú no me olvidarás.

Escena III
(Dichos, el alcaide con una luz, y un ermitaño.)

Don Tello   Solo un momento
                          Te queda ya para decir tus culpas,
                          Blanca; ojalá te las perdone el cielo.
                          Dejémosla, Leonor; esta hora es suya.

Leonor   (Abrazándose más a ella.)
                          Jamás la dejaré.

Blanca   Tu llanto quema.
                          No llores más, Leonor, mi alma se turba
                          Viéndote padecer. Tu amargo lloro
                          Me inspira compasión. Leonor, escucha:
                          Un tiempo fue cuando, en mi cárcel misma,
                          Plácidos sueños de falaz ventura
                          Regalaban tal vez mi pensamiento,
                          Y ciertos yo los figuraba, ilusa.
                          Pensé que clara la inocencia mía,
                          Se aplacara tal vez la alma sañuda
                          Del que tanto adoré; pensé, insensata,
                          Ocupar el asiento que ahora ocupa
                          La que perdone Dios; feliz pensaba
                          Premiar entonces en mejor fortuna
                          Tu constante amistad. Solo una prenda

(Se quita un anillo del dedo.)

                              Joya de mi niñez... Tómala; es tuya.
                              Guárdala tú como único recuerdo
                              Que te puedo dejar de mi ternura.
                              Dulce Leonor, adiós; vuelve a abrazarme
                              Otra vez y otra vez. Basta; tu angustia
                              Me despedaza el corazón; recibe
                              Tú mis últimas lágrimas.

Leonor   ¡Oh!, nunca
                              Me arrancarán de aquí.

Blanca (Con dulzura.)   Déjame, basta.
                              Ten lástima de mí.

Don Tello   Raudo apresura
                              El tiempo su carrera; tú, hija mía,
                              Déjala de una vez; sobre ella luzca
                              La clemencia de Dios. Blanca, un momento
                              Alza tu mente al que las almas juzga.
                              Vamos, Leonor.

Blanca   ¡Adiós! ¡Ah! ¡Para siempre!

(Don Tello coge del brazo a Leonor.)

Escena IV
El ermitaño y Blanca; aquél mira por todos lados, como temeroso de que le oigan.

(Blanca, de rodillas delante del crucifijo.)

Blanca	¡Omnipotente Dios! Piadoso escucha Mi humilde voz en mi postrero día, Y el cáliz del dolor benigno endulza. Dame resignación, fuerza bastante Para apurar la copa de amargura, Perdonar, como tú, a mi enemigo, Y despreciar la vanidad inmunda, Que me atormenta el corazón.

(Al ermitaño.)

¡Oh!, padre,

En nombre del Señor, oye mis culpas;
La eternidad...

El ermitaño	La libertad, la vida. Aun puedo darte yo, Blanca. ¿Lo dudas? Mírame, Enrique soy; vengo a salvarte.

(Se quita la capucha que le cubría el rostro, y debajo del hábito se descubren las armas.)

Blanca	¡Cielos, Enrique!

Enrique	Enrique te asegura, Si obedeces su voz, salvarte ahora Del borde mismo de la abierta tumba. El santo traje que mis armas cubre Para entrar hasta aquí sirvió a mi astucia. Yo aquí me quedaré; vístelo, Blanca, Y este disfraz protegerá tu fuga.

Blanca	¿Y tú quedarte aquí? Jamás, Enrique: Yo vivo ya sin esperanza alguna

Y la muerte es un bien. ¿Yo aquí dejarte
A morir en mi vez...? ¡Ah!, tú me injurias.

Enrique

Mi vida aquí defenderá mi espada.
No te cuides de mí; ya a darte ayuda
Cien caballeros en el campo aguardan,
Que allá en tu patria te pondrán segura.
Decídete una vez; allí te esperan
Tus amigos, tu patria y la fortuna.

Blanca

Déjame, tentador; yo amo la vida,
Y la amo a mi pesar; mas si mi fuga
solo puede lograrse con tu muerte,
Morir prefiero, a la mayor ventura,
Déjame ahora perecer tranquila,
O un medio noble de salvarme busca.

Enrique

Blanca, no hay otro.

Blanca

                              Sí; queda la muerte

Enrique

¡Mujer angelical! ¡Alma más pura
Que la lumbre del Sol! ¡Oh!, yo te juro
Morir lidiando en obstinada lucha
O arrancarte de aquí. Voy ahora mismo
El castillo a asaltar. En paz segura
Todos duermen; los pocos que vigilan
Es fácil sorprender: la suerte injusta
No salvará mi vida en la batalla,
O si la salva, salvaré la tuya.

(Vase.)

Escena V

Blanca, sola

¡Qué incertidumbre!, ¡oh, Dios! Cada momento
La muerte y libertad me ofrecen juntas.
Hágase, ¡oh Dios!, tu voluntad.

(Da el reloj las doce.)

Las doce.
Alguien siento venir. Pasos se escuchan...
¡Perdóname, gran Dios!

(Se arrodilla delante del crucifijo. En este momento se abre la puerta y entra Abenfarax, de modo que antes de entrar se haya visto su sombra.)

Escena VI
(Blanca, Abenfarax.)

Blanca

(Se levanta precipitadamente, como amedrentada.)
¡Cielos! ¡Qué veo!
¡Espíritu infernal! ¡Ah, de su furia
líbrame tú, Señor!

Abenfarax

(Lanza una mirada estúpida,
mirándola con ojos de complacencia.)
En vano llamas
Tu Dios en tu favor: mi voz le insulta.
Y maldice su nombre y le blasfema.
¿Ves esta daga?

Blanca

¡Oh Dios!

Abenfarax

(Con sangre fría.)

104

Tu fin te anuncia.

Blanca   (Precipitadamente.)
              ¡Piedad! ¡Piedad! ¡Qué horror! ¡Ah! Compadece...
              Un momento, no más... si acaso oculta
              Tu pecho un corazón... ¡Ah!, si en tu infancia
              Una mujer te amamantó...

Abenfarax   Una bruja
              Y un hijo de Luzbel fueron mis padres.

(Se oye ruido de espadas y voces de combatientes, que va progresivamente acercándose. Abenfarax continua, sin interrupción.)

              Mi destino es matar. Ven y concluya
              Tu vida de una vez.

(Blanca, retirándose siempre al fondo del teatro, se abraza con el crucifijo. Abenfarax la persigue. Más cerca, los gritos y las espadas. Dentro, la voz de Enrique.)

                          ¡Nuestro es el triunfo!

Blanca   ¡Por piedad! ¡Por piedad!

(Abenfarax la agarra de los cabellos y la arranca del crucifijo.)

Abenfarax   ¿Piedad? Ninguna.

(La levanta de los cabellos la cabeza para mirarla. La clava el puñal al decir.)

              Gózate, ¡oh madre!, aquí.

Blanca   ¡Valedme, cielos!

(Cae muerta.)

Escena VII

(En este momento se abren las puertas violentamente de la capilla y entra Enrique, con la espada desnuda. Varios caballeros, con hachas encendidas y espadas, y Leonor.)

Enrique   ¡Libertad, libertad, Blanca!

(Abenfarax se presenta delante de él.)

Abenfarax   ¿La buscas?
            Mírala donde está; síguela y muere.

(Le tira una puñalada, que resisten las armas.)

Enrique   (Clavándole una estocada.)
         ¡Asesino!

Abenfarax   ¡Oh, furor!

(Cae muerto.)

(Leonor se arrodilla delante de Blanca, contemplándola.)

Leonor   ¡Muerta! ¡Ya nunca
         La volveré yo a ver! ¡Leonor te llama...!
         Es en vano; infeliz, tú no la escuchas.

(Se abraza a ella.)

Enrique   ¡Qué horror! Tan pura, tan hermosa y joven

Y perderse en su flor... ¡Ah!, Dios confunda
Sus enemigos todos y maldiga
Al que manchado esté de sangre suya.

(Se adelanta y pone la mano sobre el crucifijo.)

Yo lo juro ante Dios. Mi espada juro
Que hasta vengarla brillará desnuda.

Fin

Libros a la carta

A la carta es un servicio especializado para
empresas,
librerías,
bibliotecas,
editoriales
y centros de enseñanza;
y permite confeccionar libros que, por su formato y concepción, sirven a
los propósitos más específicos de estas instituciones.
Las empresas nos encargan ediciones personalizadas para marketing
editorial o para regalos institucionales. Y los interesados solicitan, a título
personal, ediciones antiguas, o no disponibles en el mercado; y las acom-
pañan con notas y comentarios críticos.
Las ediciones tienen como apoyo un libro de estilo con todo tipo de refe-
rencias sobre los criterios de tratamiento tipográfico aplicados a nuestros
libros que puede ser consultado en Linkgua-ediciones.com.
Linkgua edita por encargo diferentes versiones de una misma obra con
distintos tratamientos ortotipográficos (actualizaciones de carácter divul-
gativo de un clásico, o versiones estrictamente fieles a la edición original
de referencia).
Este servicio de ediciones a la carta le permitirá, si usted se dedica a
la enseñanza, tener una forma de hacer pública su interpretación de un
texto y, sobre una versión digitalizada «base», usted podrá introducir inter-
pretaciones del texto fuente. Es un tópico que los profesores denuncien
en clase los desmanes de una edición, o vayan comentando errores de
interpretación de un texto y esta es una solución útil a esa necesidad del
mundo académico.
Asimismo publicamos de manera sistemática, en un mismo catálogo, tesis
doctorales y actas de congresos académicos, que son distribuidas a través
de nuestra Web.
El servicio de «libros a la carta» funciona de dos formas.
1. Tenemos un fondo de libros digitalizados que usted puede personalizar
en tiradas de al menos cinco ejemplares. Estas personalizaciones pueden

ser de todo tipo: añadir notas de clase para uso de un grupo de estudiantes, introducir logos corporativos para uso con fines de marketing empresarial, etc. etc.

2. Buscamos libros descatalogados de otras editoriales y los reeditamos en tiradas cortas a petición de un cliente.